FELIX GÖTZ | MORITZ WOLLERT

UNNÜTZES HANDBALL WISSEN

Felix Götz | Moritz Wollert

Unnützes Handball Wissen

Die kuriosesten Fakten rund um den geilsten Sport der Welt

riva

Bibliografische Information der Deutschen Nationalbibliothek
Die Deutsche Nationalbibliothek verzeichnet diese Publikation in der Deutschen Nationalbibliografie. Detaillierte bibliografische Daten sind im Internet über https://dnb.de abrufbar.

Für Fragen und Anregungen
info@m-vg.de

Wichtiger Hinweis
Ausschließlich zum Zweck der besseren Lesbarkeit wurde auf eine genderspezifische Schreibweise sowie eine Mehrfachbezeichnung verzichtet. Alle personenbezogenen Bezeichnungen sind somit geschlechtsneutral zu verstehen.

Originalausgabe
4. Auflage 2026

Türkenstraße 89
80799 München
Tel.: 089 651285-0

Redaktion: Dr. Ulrich Korn
Umschlaggestaltung: Isabella Dorsch
Umschlagabbildung: shutterstock.com/Lazyvector, onot
Satz: abavo GmbH, Buchloe
Druck: Alföldi Nyomda Zrt., Ungarn
Printed in the EU

ISBN Print 978-3-7423-2393-4
ISBN E-Book (EPUB, Mobi) 978-3-7453-2145-6

INHALT

BUNDESLIGA

VON AUFNAHMERITUALEN UND FOLGENSCHWEREN WEIHNACHTSFEIERN

Der FC Bayern des Handballs

Mit 22 Titeln ist der THW Kiel so etwas wie der FC Bayern des Handballs und damit deutscher Rekordmeister. Eine weitere Bestmarke sind die sechs Triumphe in Serie, die zwischen 2005 und 2010 an die »Zebras« gehen. Festhalten: Von den 22 zwischen 1994 und 2015 ausgespielten Meisterschaften gewinnt das Team von der Förde nur fünf nicht! Platz zwei gebührt im Gesamtranking dem VfL Gummersbach (zwölf Meisterschaften) vor Frisch Auf! Göppingen (neun). Erster vom DHB anerkannter deutscher Meister im Hallenhandball darf sich 1950 die SV Polizei Hamburg nennen. Insgesamt krönen sich übrigens nur 15 verschiedene Vereine zum Meister, als da wären: THW Kiel, VfL Gummersbach, Frisch Auf! Göppingen, TV Großwallstadt, SV Polizei Hamburg, Berliner SV 1892, TUSEM Essen, SG Flensburg-Handewitt, SG Wallau/Massenheim, TBV Lemgo, TSV Grün-Weiß

Dankersen, Rhein-Neckar Löwen, SC Magdeburg, HSV Hamburg und SG Leutershausen. Den Titel DDR-Rekordchampion hat mit zehn Meisterschaften der SC Magdeburg inne.

Das torreichste Spiel der Bundesligageschichte

Als der SC Magdeburg am 20. Dezember 2005 nach Kiel zum THW fährt, rechnen sich die Bördeländer durchaus etwas aus, schließlich grüßen sie vom 4. Tabellenplatz. Und es fängt auch gar nicht so schlecht an, denn bis zum 12:13 durch Christian Sprenger liefern sich beide Teams eine ausgeglichene, umkämpfte Partie, in der alles offen zu sein scheint. Dann aber folgt eine quasi monumentale Offensivexplosion der »Zebras«, die letztlich auch in Kooperation mit den Gästen richtig historisch wird. Kiels 54:34-Erfolg geht als torreichstes Spiel aller Zeiten in die Annalen der Bundesligageschichte ein, und der THW avanciert zur allerersten Mannschaft, der im deutschen Oberhaus mehr als 50 Treffer in einer Partie gelingen. Den SCM wird das eher weniger trösten.

Ein Spiel der kleinen Orte

Die Handballbundesliga wird 1966 erstmals in zwei Staffeln eingeführt, und bis heute können sich 13 verschiedene Mannschaften als deutscher Meister feiern lassen. Addiert man die Einwohnerzahlen aller Meisterstädte, kommt man auf eine Zahl von rund 3,38 Millionen Menschen, was noch unter der aktuellen Einwohnerzahl von Berlin (3,64 Millionen) liegt. Nicht umsonst gilt Handball bei vielen sehr lange als ein Spiel »vom Dorf«; mit Leutershausen, Dankersen oder Großwallstadt sichern sich zahlreiche Orte mit gerade einmal vierstelligen Einwohnerzahlen Meistertitel. In der DDR verhält es sich ein wenig anders, da viele zentral geförderte Vereine mit Leistungszentren in größeren Städten wie Berlin, Magdeburg oder Leipzig operieren. Frankfurt an der Oder ist mit knapp 60 000 Einwohnern (Stand 2019) die »kleinste« Meisterschaftsstadt der Handball-DDR und feiert 1974, 1975 und 1989 mit dem Armeesportklub Vorwärts Frankfurt (Oder) jeweils den ostdeutschen Titel.

Hüttenberg und der Handkäse

Die große Handballtradition rührt beim TV Hüttenberg aus den Tagen des TV Hochelheim und TV Hörnsheim, die beide bereits kurz nach 1900 gegründet werden und die nach dem Zusammenschluss zur Gemeinde Hüttenberg in den 1960er-Jahren auch fortan unter eben jenem Stadtnamen auf Torejagd gehen. Mit dem runden Leder können die Mittelhessen ziemlich gut umgehen und mischen viele Jahre im obersten deutschen Handballgeschäft mit. Die Handfertigkeit wird in der Region aber seit jeher noch für etwas anderes genutzt: Handkäse, »Handkäs« oder auch »Handkääs«. Diese lokale Spezialität, der Name lässt es vermuten, wird mit den Händen geformt und kann pur, auf Brot oder auch »mit Musik« genossen werden. Vier von sechs mittelhessischen Handkäseproduzenten nennen das beschauliche Hüttenberg ihr Zuhause, und da ist eine Symbiose zum Sportverein natürlich naheliegend. So können Zuschauer nicht nur schon immer den Käse bei Heimspielen des TV verköstigen, ihnen heizt seit 2017 auch ein Maskottchen namens »Rollo« ein, seines Zeichens ein freundliches Stück Handkäse.

»Kretzsche« und das Aufnahmeritual in Gummersbach

Handballmannschaften ticken manchmal etwas eigenartig. Zumindest in den 1990er-Jahren gibt es beispielsweise beim VfL Gummersbach fragwürdige Aufnahmerituale. Stefan Kretzschmar, der 1993 von Blau-Weiß Spandau zu den Oberbergischen wechselt, kann davon ein Lied singen. »Wir wurden in eine Kneipe eingeschlossen und der Zapfhahn wurde mit einem Gummi befestigt, sodass das Bier ununterbrochen lief. Ältere Spieler hatten die Aufgabe, sich um jüngere zu kümmern, also sie abzufüllen«, erinnert sich der Sportvorstand der Füchse Berlin in einem Interview mit dem Sportportal *Spox*. Erst muss sich »Kretzsche« auf einen Stuhl stellen und zwei halbe Liter Bier in weniger als einer Minute trinken. Anschließend wird er dazu verdonnert, eine Rede zum Thema »Intimtätowierungen in der ostdeutschen Zone« zu halten. Welche Worte der gebürtige Leipziger wählt, ist nicht überliefert. Und das ist vielleicht auch besser so.

Die »Scholle« von Cuxhaven

»Scholle« ist einer der vielleicht bekanntesten Spitznamen in der Geschichte der Handballbundesliga, jeder verbindet ihn mit dem legendären Linksaußen Jochen Fraatz. Der gewinnt in seiner aktiven Zeit unter anderem Olympia-Silber, drei deutsche Meisterschaften mit TUSEM Essen und springt für seinen Verein auch mal in der Kiste ein, wenn bei diesem alle aktiven Torhüter ausfallen, so geschehen in der Saison 1986/87 gegen den VfL Gummersbach. Auch wenn er in jener Partie satte 58 Minuten das eigene Gehäuse hütet und sein Vater Fritz früher Feldhandball-Goalie war – auf das Tore werfen versteht sich der Flügelflitzer letztlich doch wesentlich besser. In seiner langen Bundesligakarriere schafft der Rechtshänder für Essen, Nordhorn und Lemgo 2683 Tore in 438 Partien. Er übernimmt in jungen Jahren auch den Dreher, die einstige Erfindung des sowjetischen Linksaußen Aljaksandr Karschakewitsch, und macht ihn in deutschen Handballhallen salonfähig. Dabei verbietet ihm Petre Ivănescu, sein Coach beim TUSEM Essen, die Aktion zunächst, lässt sich später aber von der hohen Erfolgsquote seines Schützlings überzeugen. Aber warum heißt der Jochen eigentlich »Scholle«? Den Beinamen bekommt Fraatz von Bundestrainer Horst »Hotti« Bredemeier aufgrund seines Geburtsortes Cuxhaven an der Nordsee.

Schröder und die jubelnden »Stoppelhopser«

»Klempel, Klempel, Klempel«, hallt es durch eine Auszeit des HSV Handball im letzten Saisonspiel 2009. Abwehrspezialist Matthias Flohr denkt an jemanden, mit dessen Namen seine verdutzten Mannschaftskollegen im ersten Moment wenig anfangen können. Gemeint ist der Pole Jerzy Klempel, seines Zeichens mit 19 Toren Inhaber eines 26 Jahre alten Rekordes für die meisten Treffer in einem Spiel der eingleisigen Bundesliga. Seit eben jenem 6. Juni 2009 ist er es allerdings nicht mehr, denn HSV-Rechtsaußen Stefan Schröder gelingen unglaubliche 21 Tore gegen den nur mit acht Feldspielern angereisten Stralsunder HV. Flohrs Insistieren trägt dabei Früchte, denn Schröders Mannschaft setzt ihn in den letzten Minuten immer wieder explizit in Szene und unterstützt ihn beim Rekord. Wahrscheinlich haben sie ihm hinterher auch bei der 12-Liter-Champagnerflasche geholfen, die Präsident Andreas Rudolph dem Nationalspieler für seine Leistung spendiert. Ein weiterer schöner Nebeneffekt: Schröder fungiert damals als Pate für den Elmshorner Kindergarten

»Stoppelhopser«, der in jenem Jahr für jeden Saisontreffer des Linkshänders 20 Euro bekommt.

Der Beruf des Hallensprechers

Ein Mikro in die Hand nehmen, die Namen der Spieler auswendig lernen, ein bisschen Kamelle machen ... Was gehört schon zum Beruf des Hallensprechers dazu? Wie sich herausstellt, eine ganze Menge mehr, erst recht in der heutigen Zeit und wenn sich derjenige auch noch um andere Teile der großen Show kümmert. Michael »Holzi« Holst zum Beispiel ist an Spieltagen der SG Flensburg-Handewitt einer der Ersten in der Flens-Arena, mit im Gepäck hat er ein dreiköpfiges Team sowie einen Transporter voller Licht- und Tontechnik: zwei Traversen, sechs Moving Heads, Vertikal-Nebelmaschine, LED-Bars, W-DMX-Digitalsteuerung, ein »ChamSys QuickQ 20«-Pult – alles will aufgebaut, verkabelt und getestet werden. Die ehemalige Torwartlegende des MTV Schwabstedt übernimmt neben der Pregame-Show mit Interviews auch alle Regieanweisungen über Funk und führt durch das gesamte Spiel. Besonders eng wird es zwölf Minuten vor Anpfiff, wenn Begrüßungen, Image-Film, der teameigene Trompeter und der Einlauf der Mannschaften sekundengenau durchgetaktet sind. Ach ja, ein Mikro hat »Holzi« natürlich auch am Start, um der »Hölle Nord« ordentlich einzuheizen.

Keiner übertrifft »Noka« Serdarušić

Seit der Einführung der Bundesliga zur Saison 1966/67 gibt es keinen erfolgreicheren Trainer als Zvonimir »Noka« Serdarušić. Der frühere Kreisläufer, der 1998 seine kroatische gegen die deutsche Staatsbürgerschaft tauscht, führt den THW Kiel während seiner Ära zwischen 1993 und 2008 zu elf deutschen Meisterschaften. Platz zwei geht an Alfreð Gíslason mit sieben Meisterschaften (eine mit dem SC Magdeburg, sechs mit Kiel), Rang drei teilen sich mit je drei Meisterschaften Klaus Zöll (TV Großwallstadt), Petre Ivănescu (zwei mit dem VfL Gummersbach, eine mit TUSEM Essen) und Heiner Brand (zwei mit Gummersbach, eine mit der SG Wallau/Massenheim). Nach seiner Zeit beim THW coacht Serdarušić die slowenische Nationalmannschaft, den slowenischen Klub RK Celje, Pays d'Aix UC aus Frankreich und zuletzt bis 2018 Paris Saint-Germain. Unvergessen auch die Turbulenzen um die Kieler Affäre, als Serdarušić vorgeworfen wird, an Spielmanipulationen durch Schiedsrichterbestechungen mitgewirkt zu haben. 2010 erhebt die Staatsanwaltschaft Kiel Anklage wegen des Vorwurfs gemeinschaftlich begangenen Betruges und Beihilfe zur Untreue. Zwei Jahre später wird Serdarušić in allen Anklagepunkten freigesprochen.

Der lange Lichtlein

Nationalspieler Carsten Lichtlein brilliert zeit seiner Karriere stets mit seiner langen Körpergröße von 2,02 Metern, mit denen der Torwart aus Unterfranken die Gegner unter anderem für Großwallstadt, Lemgo oder Gummersbach regelmäßig das Fürchten lehrt. Er tut es ziemlich lange und ziemlich oft, sogar öfter als jeder andere Spieler in der Geschichte der Handballbundesliga. Lichtlein überflügelt am 19. Dezember 2019 im Trikot des HC Erlangen mit seinem 626. Einsatz gegen die TSV Hannover-Burgdorf den bis dato arbeitsfreudigsten Jan Holpert und steht mittlerweile bei insgesamt 712 Ligaspielen. Auch die 547 parierten Siebenmeter während seiner 2022 beendeten Karriere sind Bestwert in der höchsten deutschen Handballklasse.

»Hexer« und »Grummel Griesgram«

Für viele Fans und Experten ist Andreas Thiel (528 Bundesliga- und 257 Länderspiele) *die* Persönlichkeit in der Geschichte des deutschen Handballs – und gleich mit zwei Spitznamen ausgestattet. Der frühere Torhüter wird »Hexer« genannt, weil er während seiner Profilaufbahn zwischen 1979 und 2000 unzählige Bälle pariert, die eigentlich nicht zu halten sind. Ein Winterabend in der Saison 1982/83 gilt dabei als Geburtsstunde des »Hexers«. Thiel spielt mit Gummersbach in Großwallstadt und entschärft beim Sieg mit einem Tor Differenz einen Ball nach dem anderen, darunter fünf Siebenmeter. Nach dieser fabelhaften Leistung ist sich Handball-Deutschland einig: Der würdige Nachfolger des eigentlichen »Hexers« Manfred Hofmann ist gefunden – und das in Hofmanns Heimatstadt. Warum Thiel auch den Spitznamen »Grummel Griesgram« trägt? »Den hat mir Heiner Brand verpasst. Das liegt daran, dass ich nicht immer als Mr. Superfreundlich durch die Welt laufe. Ich schlüpfe durchaus bewusst und kokettierend manchmal in die Rolle des Knurzkopfs, und zwar mit Leidenschaft«, sagt Thiel. Das teils griesgrämige Auftreten des eigentlich liebenswerten Torhüters erinnert den späteren Bundestrainer an eine Figur aus einer Hörspielkassette für Kinder, die Brand damals häufig zu hören bekommt. Seine Tochter mag Regina Regenbogen, weniger aber deren Widersacher »Grummel Griesgram«. Heute arbeitet Thiel übrigens als Anwalt.

»Asterix« verirrt sich nach Minden

Lange nachdem die Römer sich in Germanien breitgemacht und Krieg geführt haben, zieht es Mitte der 1990er-Jahre auch einen ihrer vermeintlich stärksten fiktiven Widersacher in die deutschen Gefilde – Asterix! Es handelt sich hier aber nicht um den legendären Zeichentrick-Gallier aus der Feder des französischen Zeichners Albert Uderzo, sondern um Stéphane

Stoecklin, der 1996 beim Traditionsverein GWD Minden anheuert. Die Parallelen zu Obelix' bestem Freund sind eindeutig: Französisches Blut fließt durch seine Adern, mit 1,85 Metern zählt er als Halbrechter eher zu den klein gewachsenen seiner Zunft, und die harten Würfe des Rückraumstars lassen manchmal durchaus den Einsatz eines Zaubertranks vermuten. Dieser besteht für den in Bourgoin-Jallieu geborenen Lebemann zwar eher in einem guten Glas Wein, die Bauernschläue von Asterix schreibt er sich dafür aber gerne auf die Fahnen. »Es ist besser, als Luft im Kopf zu haben«, zwinkert der Welthandballer 1997, der im Jahr darauf mit 207 Toren auch Torschützenkönig der Handballbundesliga wird. Sein Verein GWD Minden macht sich den Spitznamen seines Shooters ebenfalls zunutze. So gibt es in den beiden Jahren, in denen Stoecklin in Minden weilt, zu jeder Zeit einen Plüsch-Asterix im Fanshop zu kaufen.

Unterwegs in der Handballbundesliga

Das Herz des Handballs schlägt in der Bundesliga eigentlich überall, ganz egal ob Nord oder Süd, Ost oder West, entsprechend lang gestaltet sich so manche Auswärtsreise. In der Saison 2022/23 haben es die SG Flensburg-Handewitt und Frisch Auf! Göppingen bei ihrem gegenseitigen Gastspiel am weitesten, die beiden Spielstätten liegen satte 857 Kilometer und damit knapp zehn Autostunden voneinander entfernt. Die Göppinger finden allerdings auch die kürzeste Auswärtsreise auf ihrem Kalender, denn die gut 43 Kilometer zum fast unmittelbaren Nachbarn des TVB 1898 Stuttgart könnte man bei gutem Wetter und etwas Rückenwind durchaus mit dem Fahrrad zurücklegen. In der 2. Liga knackt eine Auswärtsfahrt im Jahr 2022/23 sogar fast die 1000-Kilometer-Marke. Wenn der HC Empor Rostock zur HSG Konstanz fährt oder umgekehrt, dann sind die Mannschaften jeweils 999,6 Kilometer unterwegs. Einem Fanbus wünscht man eigentlich nie Stau, dann aber wohl ganz besonders nicht.

Skandal in Göppingen

Handballfans sind normalerweise dafür bekannt, einen einigermaßen respektvollen Umgang mit Gegnern und deren Funktionären zu pflegen. Bei Frisch Auf! Göppingen kommt es diesbezüglich beim Spiel gegen Hamburg im November 2014 zu einer unrühmlichen Ausnahme. Eine Frisch-Auf-Fangruppierung beleidigt den damaligen HSV-Mäzen Andreas Rudolph – oder besser gesagt: die Spieler der Norddeutschen – auf unterirdische Art und Weise. Ein Transparent mit der Aufschrift »St. Paulis Huren mit mehr Ehre als Rudolphs Legionäre« wird gehisst. HSV-Geschäftsführer Christian Fitzek spricht anschließend vom »übelsten Plakat, das ich seit langer Zeit in einer Handballhalle gesehen habe«. Immerhin: Die Verantwortlichen der

Göppinger und die meisten anderen Fans distanzieren sich von den Chaoten.

Der älteste Fanklub der Bundesliga

Der erste Fanklub der Bundesligageschichte wird 1979 in Kiel gegründet, unterstützt logischerweise den THW und existiert bis heute. Der schlichte Name: Schwarz-Weiß.

Legende Bernhard Kempa

Der Ball fliegt durch die Luft, unzählige Augenpaare verfolgen ihn. Die Überraschung steht in ihnen geschrieben, gesellt sich zur Erwartung des manchmal Unbegreiflichen. Dann fängt ein Spieler das runde Leder, für einen Bruchteil einer Sekunde steht das Spiel im Fluge still, dann folgt die Vollendung des Kempa. Der Trick, bei dem ein Spieler einen hohen Pass direkt im Sprung fängt und abschließt, geht zurück auf einen Mann, in dessen Adern weit mehr Magie fließt, als es der erste missglückte Versuch des selbst erfundenen Manövers vermuten lässt. Denn schließlich gelingt er ihm doch am 24. Februar 1954 in Karlsruhe bei einem Ländervergleich gegen Schweden, es folgt große Begeisterung, in der sich schon ein Hauch von Ewigkeit versteckt. Kempa wird fortan Namensgeber für die vielleicht spektakulärste Aktion im Handballsport, jedenfalls für jene, die einem Mann für immer ein athletisches Denkmal setzt, das er sich eigentlich mit seinen Leistungen selbst formt. Zweimal wird er Feldhandballweltmeister, gewinnt mit Frisch Auf! Göppingen als Aktiver und Trainer sechs nationale Titel und streckt 1960 auch noch den Europapokal der Landesmeister in die Höhe. Aus all jenen großen Taten wäre fast nichts geworden, denn als Kind muss sich der begabte Sportler aus dem eigenen Zuhause schleichen, um seiner von den Eltern missbilligten Leidenschaft nachzugehen. Zum Glück kennt er gute Schlupfwinkel, denn sonst wären nicht nur seine handballerischen Verdienste ein Wunschtraum geblieben, sondern auch die drei württembergischen Basketballmeisterschaften, besondere Auftritte auf dem Fußballfeld oder drei Senioren-Weltmeistertitel im Tennis-Doppel, mit denen Bernhard Kempa seine Anhänger über Jahre und Jahrzehnte verzückt. Und dazu natürlich auch noch mit dem einen Trick.

Der berühmte Wechsel von Herbert Lübking

Ein Weltklassespieler, der wegen seines Berufs von der Bundesliga in die Kreisliga wechselt? Heute wäre es unvorstellbar, in den 1970er-Jahren ist es allerdings in Form des großen Herbert Lübking Realität. An seinem 18. Geburtstag läuft der begabte Mittelmann erstmals für die Erste Mannschaft seines Heimatvereins Grün-Weiß Dankersen auf und soll in der Folgezeit die ganz große Handballzeit im Städtchen an der Weser begründen, zweimal gewinnt er die deutsche Feldhandballmeisterschaft und feiert drei Europapokalsiege im Mühlenkreis. Dementsprechend groß ist der Aufschrei, als im August 1970 sein Wechsel zum unterklassigen Lokalrivalen TUS Nettelstedt bekannt wird. Sein Legendenstatus schützt Lübking nicht vor Morddrohungen und kann die eintägige Entführung seines Sohnes André nicht verhindern. Letztlich hat er aber ganz pragmatische, bodenständige Gründe für seinen Wechsel in einer Zeit, in der man vom Handballspielen allein nur schwer leben kann. Horst Bentz, GWD-Präsident und der Chef des Kaffeefilterriesen Melitta, will Lübking damals nach eigenen Angaben nichts Schriftliches über seine versprochene Zukunft im Unternehmen geben, die Textilfirma Hucke allerdings schon, und sie war nun mal mit den Nettelstedtern verbandelt. Mit seinem Wechsel bekommt auch seine Nationalmannschaftskarriere einen Knick, beruflich aber soll er 32 Jahre bei Hucke einen sicheren Hafen haben. Und die Zeit heilt für den Ehrenbürger Mindens schließlich auch die schweren Wunden, die der Wechsel einst aufgerissen hat.

Der große »Nick«

Als Kyung-Shin Yoon 1995 von der Kyung-Hee-Universität nach Gummersbach wechselt, ist der 2,04-Meter-Riese – so die Legende – der elftgrößte Südkoreaner überhaupt. Die Anfangszeit ist hart, der Rückraumspieler spricht weder Deutsch noch Englisch (sein Spitzname »Nick« kommt vom stets freundlichen Nicken, obwohl er nichts versteht), mag das Essen nicht und manche Gepflogenheit überfordert ihn. Bei seinem ersten Auswärtsspiel wird Yoon ausgepfiffen. Da in seiner Heimat sogar Tore des Gegners beklatscht werden, ist das ein Schock. »Er kam völlig entsetzt in die Kabine«, erinnert sich der frühere VfL-Trainer Heiner Brand. »Nick« verliert an Gewicht, die Oberbergischen lassen seine Mutter einfliegen, die den Sohnemann wieder aufpäppelt. Von da an läuft es rund, Yoon wirft Tore wie am Fließband und wird zum Liebling der Fans. Über zehn Jahre bleibt er dem VfL treu, auch in finanziell schwierigen Zeiten. Als Gummersbach 1998 die jährliche Leihgebühr von angeblich 42 000 D-Mark nicht an Yoons alten Verein überweisen kann, streckt er das Geld aus eigener Tasche vor. Später erhält er vom VfL einen Scheck, den er nie einlöst. 2006 zieht Yoon weiter zum HSV Hamburg, zwei Jahre später geht es zurück in die Heimat. Die Bilanz: fünfmal Torschützenkönig und mit 2905 Treffern bis heute bester Werfer der HBL-Geschichte. Bei 406 Partien bedeutet dies einen aberwitzigen Durchschnitt von 7,15 Toren pro Spiel. Rang zwei geht an den Dänen Lars Christiansen (Flensburg) mit 2875 Toren vor seinem noch aktiven Landsmann Hans Lindberg (Hamburg, Berlin), der zum Ende der Saison 2021/22 bei 2759 Buden steht. Bester deutscher Schütze ist Jochen Fraatz (2683 Tore) auf Platz vier.

Der jüngste Spieler der Bundesligageschichte

Der 19. September 2019 ist für Fynn-Luca Nicolaus, den TVB 1898 Stuttgart und auch die Handballbundesliga ein ganz besonderer Tag: Mit seinem Kurzeinsatz gegen die TSV Hannover-Burgdorf wird Nicolaus nämlich im Alter von nur 16 Jahren und 50 Tagen zum jüngsten Spieler, der jemals das Parkett von Deutschlands höchster Handballklasse betreten hat. Dabei entschließt er sich erst kurz zuvor in der C-Jugend endgültig für den Sport in der Halle und gibt den ebenfalls favorisierten Fußball dran. Keine ganz schlechte Entscheidung, wie sein Rekord zeigt!

Der »größte« Handballer aller Zeiten

In der Geschichte des Handballs findet sich so mancher hochgewachsene Spieler jenseits der 2 Meter, und auch das ein oder andere Schwergewicht lehrt in der Mitte einer sattelfesten Sechs-Null-Deckung die Gegner das Fürchten. Sie allesamt werden von Valerij Savko während der 1980er- und 1990er-Jahre in den Schatten gestellt, sowohl buchstäblich als auch im übertragenen Sinn. Der in der Ukraine geborene Weltmeister mit der UdSSR lässt das Spielgerät zeitweise wie einen Tischtennisball in seinen Händen aussehen, misst schwindelerregende 2,24 Meter und bringt bei Schuhgröße 56 satte 150 Kilogramm auf die bemitleidenswerte Waage. In diesen »Minigaragen«

soll der Kreisläufer in seiner aktiven Zeit allerdings ziemlich stark schwitzen, was unter anderem einmal den Zorn seines Mitspielers Frank Löhr in Milbertshofen auf sich zieht, rutschen er und seine Mannschaftskameraden doch stetig in den Schweißpfützen des Riesen aus. Dieser erscheint tags darauf mit zwei Plastiktüten zum Training, die er sich, wie von Löhr empfohlen, um sein Schuhwerk geschnürt hat, und sorgt damit für fröhliche Versöhnung.

Eine folgenschwere Weihnachtsfeier

Seit der Saison 1957/58 wird im Frauenhandball eine deutsche Meisterschaft ausgespielt. Der Eimsbütteler TV krönt sich dabei zum ersten Champion. 1975 wird die Bundesliga zunächst mit einer Nord- und einer Südstaffel eingeführt, seit 1985 ist die Liga eingleisig. Bayer 04 Leverkusen gehört zwar seit Jahren nicht mehr zur absoluten Crème de la Crème, ist mit zwölf Titeln insgesamt und mit acht seit Start der Bundesliga dennoch Rekordmeister. Dahinter folgen der Thüringer HC aus Erfurt und Bad Langensalza sowie der TV Lützellinden aus Gießen mit jeweils sieben Meisterschaften. Leverkusen ist als einziger Verein seit Gründung der Bundesliga in jeder Saison vertreten. Mit dem »Hexer« Andreas Thiel ist seit Jahren eine Legende Abteilungsleiter und Torhüterinnentrainer bei den Nordrhein-Westfalen. Kurios: Der frühere Nationaltorwart wird im Rahmen einer Weihnachtsfeier zu seinem Amt überredet, als er zu viele Kaltgetränke intus hat. »Ja, ich war voll«, bestätigt Thiel. »Dann sagten die Mädels: Mach du das doch. Ich sagte zu und stand im Wort, und dieses Wort zählt. Ich war nämlich nicht unzurechnungsfähig, konnte noch sprechen.« Mit neun Cup-Titeln ist Leverkusen außerdem Rekordsieger im DHB-Pokal.

Handballeigene Abkürzungen

Was TSV (Turn- und Sportvereinigung, Turn- und Sportverein), HC (Handballclub) oder SG (Spiel- oder Sportgemeinschaft) als Abkürzung im Namen eines Handballvereins bedeuten, ist weithin selbst über die Grenzen des Sports bekannt. Es gibt aber auch ein paar Vereinskürzel in Handball-Deutschland, die ein Laie vielleicht nicht auf den ersten oder vielleicht auch zweiten Blick entziffern kann. TUSEM oder auch TuSEM Essen steht zum Beispiel für Turn- und Sportverein Essen-Margarethenhöhe (gegründet 1926), das THW beim Rekordmeister aus Kiel bedeutet Turnverein Hassee-Winterbek (gegründet 1904), und der vollständige Name des SC DHfK Leipzig lautet Sportclub Deutsche Hochschule für Körperkultur (gegründet 1954). Das TVB beim TVB Stuttgart geht auf den 1898 gegründeten Turnverein Bittenfeld zurück, während die MT Melsungen ihren Namen der schon 1861 ins Leben gerufenen Melsunger Turngemeinde verdankt. ASV Hamm steht für Allgemeinen Sport Verein Hamm, das Kürzel GWD Minden geht auf den in einem Ortsteil Mindens entstandenen Traditionsverein Grün-Weiß Dankersen zurück, und der VfL Gummersbach lässt seine Mitglieder als Verein für Leibesübungen wissen, dass man gut und gerne als Aktiver ins Schwitzen kommt.

Der »Schlächter von der Grugahalle«

Zwischen 1983 und 1990 ist ein Auswärtsspiel in der Grugahalle beim TUSEM Essen häufig eine schmerzhafte Angelegenheit. Der Grund: Bei den Nordrhein-Westfalen treibt ein Mann namens Peter »Piet« Krebs sein Unwesen, der als einer der besten und härtesten Bundesliga-Abwehrspieler seiner Zeit gilt. Seine raue Spielweise bringt ihm den zweifelhaften Spitznamen »Schlächter von der Grugahalle« ein. Gemeinsam mit Legenden wie Alfreð Gíslason, der Krebs' Trauzeuge sowie Patenonkel dessen Sohnes ist, und Jochen Fraatz sorgt der 65-Jährige für die erfolgreichste Ära in der TUSEM-Historie. Drei deutsche Meisterschaften, ein DHB-Pokalsieg und der Triumph im Europapokal der Pokalsieger springen dabei heraus. Nach der Karriere arbeitet Krebs hauptsächlich als Sportjournalist, zwischen 2006 und 2009 als Geschäftsführer der Betriebsgesellschaft des HSV Hamburg. Mittlerweile lebt Krebs – im wahren Leben übrigens ein harmloser und äußerst zugewandter Mensch – an der Ostsee.

Der rasante Aufstieg des TuS Nettelstedt

Die erste Hälfte der 1970er-Jahre ist für die lokalen Bierbrauereien in Ostwestfalen eine ertragreiche Zeit, denn der TuS Nettelstedt veranstaltet jedes Jahr eine große Aufstiegsfeier. 1970 spielt der Verein aus dem Mühlenkreis noch in der Kreisliga, aber mit der Verpflichtung von Superstar Herbert Lübking geht es rasant bergauf. So rasant, dass sich die jeweiligen Ligen gar nicht an die Nettelstedter gewöhnen können, sie steigen in den nächsten sechs Jahren in jeder Saison in eine höhere Spielklasse auf und landen damit 1976 tatsächlich in der Handballbundesliga. Hier macht man sich schnell einen Namen und feiert 1981 mit dem DHB-Pokalsieg sowie dem Europapokal der Pokalsieger zwei der größten Erfolge der Vereinsgeschichte. An besagtem internationalen Wettbewerb nehmen die Lübbecker kurioserweise nur als Vizepokalsieger teil, weil der amtierende Pokalsieger aus Großwallstadt gleichzeitig deutscher Meister wird und im Landesmeisterwettbewerb antritt.

Der Mythos der Hermann-Gieseler-Sporthalle

Der Zahn der Zeit hat sich schon immer in ihren Wänden verbissen, knarzend heulen ihre Holzbalken und erzählen Heldensagen aus längst vergangener Zeit. In ihren tausend Ecken lauert Dunkelheit, aber wenn der SC Magdeburg ihr heiliges Parkett betritt, dann steht sie wie ein Mann auf aus ihrer altehrwürdigen Ruhe und entfesselt eine hell lodernde Hölle, die auf ewig unvergessen bleibt. Einst war die Hermann-Gieseler-Halle Umschlagplatz für Agrarprodukte, eine Vieh- und Markthalle. Aber die Asche soll 1958 einem neuen Sportboden weichen, unter dem einmaligen Himmel ihrer legendären Dachbogen verliert sie ihr altes Gesicht aber irgendwie nie. Die perfekte Imperfektion, nur Eigeninitiative und Idealismus halten manchmal Pfeiler und Balken aufrecht, auch wenn Licht, Heizung oder sanitäre Anlagen zeitweise optional erscheinen. Den aufstrebenden SC Magdeburg und seine Anhänger stört es nicht. Sie machen aus den wackeligen Mauern eine uneinnehmbare Festung, in welcher der SCM von 1973 bis 1989 kein einziges Spiel verliert und jeden Titel gewinnt, den man sich erträumen kann. 2500 Menschen finden auf den Rängen Platz, die sich aber eher wie die 20 000 anhören, an die man in den goldenen Jahren Tickets für jedes Spiel hätte verkaufen können. In den 1990er-Jahren lassen die Zeit und gestiegene Ansprüche die Hermann-Gieseler-Halle schließlich auf ihrer alten Holzbank am Wegesrand zurück, es zieht den Klub in neue, modernere Gefilde. Ein Stück vom Herz des SC Magdeburg aber schlägt immer noch am Klaus-Miesner-Platz und wird es wohl auch für immer tun.

Die perfekte Saison

Sie hat einen quasi mystischen Klang an sich und ist nur ganz wenigen Mannschaften überhaupt auf diesem Erdball vergönnt – die perfekte Saison. Für den THW Kiel ist sie am 2. Juni 2012 Realität, als die Spieler nach Pokalsieg und Champions-League-Triumph die Bundesligasaison verlustpunktfrei mit einer Bilanz von 68:0 Punkten abschließen. »Wir sind die Handballüberflieger Europas«, stellt Filip Jícha freudestrahlend im NDR fest und bezieht sich damit nicht nur auf die von 20 000 Menschen begleitete Meisterfeier auf dem Kieler Rathausplatz, zu der die Spieler in Anlehnung an den Filmklassiker *Top Gun* in Fliegeranzügen erscheinen. Die Kieler »Mavericks« und »Gooses« heißen zwar unter anderem Narcisse und Ilić, unter Druck performen sie aber ähnlich cool wie ihre Filmvorbilder. Selbst als Trainer Alfreð Gíslason ihnen nach dem Champions-League-Finale zwei Feiertage auf Mallorca erlaubt, behalten sie anschließend noch genug Ernsthaftigkeit, um die letzten zwei Bundesligaspiele ohne Makel zu überstehen.

Ein epischer Thriller

Der 24. Mai 2014 bleibt als dramatischster Endspurt aller Zeiten im Kampf um die deutsche Meisterschaft für immer unvergesslich. Die Ausgangslage vor dem letzten HBL-Spieltag: Auf Platz eins stehen die Rhein-

Neckar Löwen, 57:9 Punkte, Tordifferenz plus 229. Zweiter ist THW Kiel, 57:9 Punkte, Tordifferenz plus 222. Die Löwen müssen beim VfL Gummersbach ran, die Zebras empfangen die Füchse Berlin. Was sich dann abspielt, ist an Spannung nicht zu überbieten, eine Achterbahnfahrt der Emotionen. Wie im Rausch nimmt Kiel die Füchse auseinander (37:23), die Badener setzen sich derweil beim VfL nicht deutlich genug durch (40:35). Zwei mickrige Tore machen den Unterschied zwischen Jubel, Trubel, Heiterkeit und totaler Frustration aus – Kiel ist Meister. »So etwas habe ich noch nie erlebt, das ist der absolute Wahnsinn«, ist selbst der sonst so nüchterne THW-Trainer Alfreð Gíslason völlig aus dem Häuschen. Löwen-Linksaußen Uwe Gensheimer bringt die Gefühlslage der Verlierer zum Ausdruck: »Ich bin total leer und am Boden zerstört.«

Der »verrückte Professor«

Einen zusätzlichen Feldspieler für den Torhüter einzuwechseln ist mittlerweile Alltag. Aber wer hat's erfunden? Dr. Rolf Brack! Zumindest in Deutschland ist der »verrückte Professor« der erste und viele Jahre lang der einzige Coach, der konsequent zu diesem Mittel greift. Was 1997 in der 2. Liga aufgrund der hoffnungslosen Unterlegenheit seiner Mannschaft als »taktische Verzweiflungstat« seinen Anfang nimmt, wird vom Trainerfuchs über die Jahre inklusive statistischer Erhebungen, die unter dem Strich den Erfolg beweisen, perfektioniert. Auch dank seiner raffinierten Methoden führt Brack mit Scharnhausen, Göppingen-Scharnhausen, Pfullingen und Balingen-Weilstetten gleich vier Klubs in die Bundesliga. Bei einem Fehler sieht man allerdings ohne Torhüter alt aus, bekommt den Ball ins verwaiste Gehäuse und zieht selbst den Zorn der eigenen Fans auf sich. »Wenn es schiefgeht, würde mich der ein oder andere Zuschauer am liebsten erschießen«, sagt Brack einmal. Dem 68-Jährigen, nach neun Jahren in Balingen noch Trainer der Schweiz, bei Frisch Auf! Göppingen, Erlangen und bis 2021 bei Rimpar, ist es wurscht, der Erfolg gibt ihm meistens ohnehin recht. Im wahren Leben ist der Trainerausbilder promovierter und habilitierter Diplom-Sportwissenschaftler an der Uni Stuttgart. Zu seinen Studenten gehört zwischen 1979 und 1984 ein gewisser Ralf Rangnick. Der wird später ein großer Fußballtrainer und bekommt den Spitznamen – wie passend – »Professor« verpasst.

Der Millionentransfer von Erhard Wunderlich

Anfang 1983 ist Erhard Wunderlich einer der besten Handballspieler der Welt, für nicht wenige sogar der beste. Der FC Barcelona findet ihn auch überragend, obwohl oder vielleicht gerade weil der 2,04-Meter-Hüne vom VfL Gummersbach den Spaniern in einem Spiel im Europapokal 13 Tore einschenkt. Den Katalanen kommt daraufhin die Idee, dass sie diesen Kanonier doch lieber in den eigenen Reihen haben wollen, und bieten für »Sepp« die damals unfassbare Summe von 2,5 Millionen D-Mark. Er bleibt allerdings nur ein Jahr in Spanien, Sprachprobleme sowie eine schleppende Integration lassen den »Handballer des Jahrhunderts« wieder in die Bundesliga zurückkehren. Die Ablöse wird damit zu einem noch etwas stolzeren Sümmchen.

Wie Richardson nach Großwallstadt kam

Wenn er Mitte der 1990er-Jahre vorne in der Deckung seine geschmeidigen Kreise zieht, dann sehen selbst unbedarfte Beobachter, dass Jackson Richardson ein ganz besonderer Handballer sein muss. Seine Beweglichkeit, sein Gespür und seine unnachahmliche Kreativität machen den französischen Nationalspieler 1995 zum Welthandballer des Jahres und bescheren ihm Fans in ganz Europa. Trotzdem landet der Mann mit den markanten Rastalocken und dem gemütlichen Naturell auf dem Spielermarkt, denn sein Verein OM Vitrolles aus Marseille gerät in finanzielle Schwierigkeiten. Thomas Gloth, damaliger Trainer des TV Großwallstadt, wittert auch dank guter Beziehungen zu einem bekannten deutschen Sportartikelhersteller seine Chance und fliegt 1996 zur Weltmeisterschaft nach Spanien, um Richardson zu beobachten und sich mit dem Mittelmann zu treffen. Auch hier wird ihm schnell klar, dass Richardsons Freigeist sich nicht bloß zwischen den Linien zeigt. Der Star erscheint zu seinem Bewerbungsgespräch nämlich ganz lässig in Badehose. Die Verantwortlichen des TVG stört es nicht, sie verpflichten den bekennenden Hundeliebhaber und bewundern seine handballerischen Kunststücke künftig für vier lange Jahre.

Ein Jahrhundertspieler im Postamt

Wenn er mit mühseligem Blick im Rückraum hochsteigt oder sich später mit seinen langen Gliedmaßen am Kreis freischwimmt, dann ist Magnus Wislander sein ganz eigenes Denkmal. Ein unverkennbarer Athlet, der eine sehnsüchtige Handballgeneration mit seinem Siegeswillen und seiner Hingabe prägt. Letztlich ist es sogar ein ganzes Jahrhundert, wird der große Star des THW Kiel und der schwedischen Nationalmannschaft doch von der IHF einst zum »Welthandballer des Jahrhunderts« gekürt. Bis auf den Olympiatitel thront in seiner Vitrine so ziemlich alles, was man im Handball gewinnen kann und irgendwie auch noch ein klein wenig mehr. Allein von den Erinnerungen will er nach seiner Karriere aber nicht leben, und auf Dauer wird ihm das Trabrennen im Fernsehen, sein selbst bezeichnetes Tageshighlight, ebenfalls langweilig. Also geht er einfach wieder in seinen angestammten Beruf als Postbeamter zurück, den er schon zu Beginn seiner Karriere ausübt, als er neben dem Handball fleißig Briefe in Göteborg austrägt. Nach seinen sportlichen Errungenschaften darf er sich allerdings über eine Beförderung freuen, seine eigene kleine Filiale in seiner schwedischen Heimat leiten und später auch als Produktmanager arbeiten. Man muss sich das einmal in einer anderen Sportart vorstellen, wenn zum Beispiel der große Pelé auf dem Amt am Schreibtisch sitzen würde. Für den nimmermüden Wislander ist es nur eine von vielen Aktivitäten. Er kommentiert unter anderem noch Handball im Radio, trainiert die schwedische Nationalmannschaft im Goalball, einer paralympischen Ballsportart für Sehbehinderte, und absolviert nur kurz nach einem leichten Schlaganfall 2019 mit dem *Vasaloppet* (Wasalauf) eines der größten Skilanglaufrennen der Welt. Und das Jahrhundert hat ja gerade eigentlich erst angefangen.

Ein semiprofessioneller Löwe

Dass Stefan Lövgren einmal einer der weltbesten Handballer des Planeten wird, ist in seiner Jugend nicht sofort abzusehen. Noch mit 13 Jahren versucht sich der spätere Rückraumregisseur im Tor und auf Linksaußen, findet erst mit 18 sein positionelles Zuhause im beschaulichen Skepplanda. Hier fällt er Redbergslids IK auf, ganz dem Handball verschreiben tut der gelernte Kaufmann für Bürokommunikation sich allerdings noch nicht. Tagsüber verkauft er weiterhin Fax- und Kopiergeräte und widmet sich lediglich abends dem Training mit dem Ball. Geschadet hat es dem »Spätstarter«, wie er sich selbst bezeichnet, allerdings keineswegs, denn er wird zum Mitglied der legendären »Bengan Boys« in der schwedischen Nationalmannschaft und schafft nach fünf Meistertiteln in seiner Heimat den Sprung in die Handballbundesliga. Nach einem Jahr in Niederwürzbach entwickelt er sich beim THW Kiel in zehn Jahren zum ultimativen Kapitän an der Ostsee und wird vom Rekordmeister nach seinem Karriereende sogar zum Ehrenspielführer ernannt. Und das als »Löwe« unter den »Zebras«.

Hobbyfotograf Ljubomir Vranjes

Zu seiner aktiven Zeit erkennt Ljubomir Vranjes mit Adleraugen selbst kleinste Schwachstellen in einer scheinbar massiven Verteidigung, schließlich muss er sich mit gerade einmal 1,66 Meter Körpergröße eben jene stetig zunutze machen, um gegen die oft einen Kopf größeren Gegenspieler zum Zug zu kommen. Sein Auge für das Detail wird auch abseits des Feldes zum Steckenpferd des Schweden. Seit den späten 1990er-Jahren entwickelt er nämlich eine große Leidenschaft für die Fotografie und knipst sich munter durch sein Handballerleben. Beliebtes Stilmittel des Weltmeisters von 1999 ist das Zusammenspiel von Schwarz und Weiß. »Das ist mein Stil, so haben Bilder mehr Seele«, hat der frühere Mittelmann, der als Trainer die SG Flensburg-Handewitt zum EHF-Champions-League-Titel 2014 führt, einst dem NDR verraten. Als er noch als Spieler für die SG aktiv ist, setzt Vranjes seine Mitspieler nicht nur auf dem Feld in Szene, sondern kreiert 2007 sogar den gesamten Mannschaftskalender der Fördestädter mit extra ausgedachter Krimi-Story.

Spätere Profis als Spielkameraden

Handballikone Stefan Kretzschmar wächst in der DDR quasi auf den quietschenden Böden der landesweiten Handballhallen auf, denn seine Mutter Waltraud trägt wie ihr Mann Peter nicht nur das Nationaltrikot ihres Landes, sondern wird später auch noch von ihrem Gatten trainiert. Dementsprechend oft verdingt sich der junge Stefan seine Zeit mit fleißigem Spielen in der Handballhalle, auch wenn er damals das Spielgerät lieber mit dem Fuß auf das Tor befördert. Vielleicht hatte das ja ein klein wenig mit dem Sohn einer Mitspielerin seiner Mutter zu tun, mit dem Stefan immer wieder gemeinsam der Kugel hinterherjagt. Dieser heißt nämlich Frank Rost und soll seines Zeichens Jahre später für Werder Bremen, Schalke 04 sowie den Hamburger SV in der Fußballbundesliga auflaufen. Zeitweise gehört er zum Kreis der Nationalmannschaft, bestreitet für den DFB vier Länderspiele und versucht sich kurzfristig sogar als Geschäftsführer beim HSV Handball.

Nicht schlecht, aber sein Spielkamerad hat es ja im Handball auch weit gebracht.

Wie »Pitti« in den Norden kam

Klaus-Dieter Petersen, von vielen nur »Pitti« genannt, ist beim THW Kiel eine echte Handballikone, feiert zu seiner aktiven Zeit unzählige Erfolge mit den »Zebras« und engagiert sich auch später als Co-Trainer sowie Jugendcoach beim Rekordmeister. Fast aber landet der kräftige Abwehrspezialist Anfang der 1990er-Jahre beim THW-Erzrivalen in Flensburg, er gibt der SG sogar 1993 für den Fall des Klassenerhalts seine Zusage. Die Idee ist, dass seine damalige Freundin Denise in Kiel Meeresbiologie studiert und er von dort die 90 Kilometer in den Norden nach Flensburg pendelt. Petersens guter Nationalmannschaftskumpel Jan Holpert, gebürtiger Flensburger und zur damaligen Zeit in Milbertshofen aktiv, will ebenfalls wieder in die alte Heimat wechseln. Kurz darauf werden die Karten allerdings komplett neu gemischt. Flensburg entlässt seinen damaligen Trainer und ehemaligen Weltklassekreisläufer Zvonimir »Noka« Serdarušić, der bald darauf in Kiel anheuert. Die SG steigt regulär ab, bleibt dann aber doch in der Liga, weil Holperts Milbertshofener aus finanziellen Gründen zurückziehen müssen. Der Torwart geht nach Flensburg, Peterson unterschreibt derweil in Kiel.

Zwei Minuten Pause

Wenn man sich die Top Five der ewigen Zeitstrafenliste in der Handballbundesliga zu Gemüte führt, dann läuft jedem Rückraumspieler oder Kreisläufer wohl der kalte Schweiß den Rücken runter, und so manch blauer Fleck von früher schmerzt noch mal ein wenig. Auf Rang fünf sitzt Lars-Henrik Walther mit 758 Strafminuten, knapp davor die Magdeburger Legende Steffen Stiebler mit 844. Bronze geht an Frank Löhr, der in seiner Laufbahn 922 Minuten auf der Bank schmoren muss, und den zweiten Platz belegt Oliver Roggisch mit 944 Strafminuten. Sein Zeitstrafendurchschnitt (1,15 Strafen pro Partie) liegt zwar vor dem des Erstplatzierten, aber den Spitzenrang hat sich Volker Zerbe dennoch redlich verdient. In 586 Bundesligaspielen sitzt der lange Linkshänder aus Lemgo insgesamt 1018 Minuten wegen sträflicher Vergehen auf der Ersatzbank und knackt damit als Einziger die 1000-Minuten-Marke. Wenn man es umrechnet, hat er damit fast 17 komplette Spiele aufgrund von Zeitstrafen verpasst. Seinen TBV stört es aber aufgrund der vielen gemeinsamen Erfolge wohl keineswegs.

Flensburgs Pokalfluch

Steht die SG Flensburg-Handewitt im DHB-Pokalfinale, bedeutet das regelmäßig Leid und Schmerz für die Fans der Norddeutschen. 9 von 13 Endspielen verlieren die Flensburger und halten damit einen unangefochtenen Negativrekord. Besonders bitter ist die Zeit zwischen 2011 und 2017, als die SG siebenmal hintereinander das Endspiel erreicht und dabei nur einen mickrigen Sieg erringt. Der aber hat es in sich: 2015 setzt sich das Team von Coach Ljubomir Vranjes im zweiten Siebenmeterwerfen der Finalhistorie gegen den SC Magdeburg durch. Flensburgs ewiger Rivale THW Kiel ist mit zwölf Titeln Rekordpokalsieger vor dem VfL Gummersbach mit fünf Triumphen. Der Pokalwettbewerb endet übrigens seit 1993 mit einem Final Four. Die erste Ausgabe steigt in Frankfurt am Main, anschließend wird der Showdown fast 30 Jahre lang in Hamburg ausgetragen. Ab 2023 findet das Pokal-Final-Four für mindestens fünf Jahre in Köln statt.

Maik Machulla und das Wasser

Eigentlich müsste Maik Machulla das Wasser lieben, schließlich wird er in Greifswald an der Ostsee geboren und feiert an der Flensburger Förde als zweifacher Meistercoach der SG Flensburg-Handewitt seine größten Erfolge als Handballübungsleiter. So wirklich hat er es mit dem kühlen Nass aber nicht. Als Kind schickt ihn seine Mutter zwar zum Schwimmen, aber der kleine Maik kommt immer wieder nach Hause und erzählt, das Training sei abermals ausgefallen. Zum Glück spielt der Mann einer Freundin von Mama Machulla bei Einheit Halle-Neustadt in der DDR-Oberliga

Handball, und so kommt der spätere Nationalspieler schließlich doch im Alter von sieben Jahren trockenen Fußes auf den richtigen Weg. Da fällt das Training seltsamerweise so gut wie nie aus.

Hell soll es sein

Die Handballbundesliga hat wie viele andere Topligen auf dieser Welt eine genaue Vorstellung davon, wie sich ihr Produkt den Zuschauern zu präsentieren hat. »Laissez faire« und »provinzielle Kistenkrämerei« sind zumindest vielerorts von gestern. So schreibt die HBL seinen Teams unter anderem schon seit einiger Zeit vor, wie hell es in Deutschlands Handballtempeln sein muss. So besagen die Statuten der HBL seit einer Verschärfung 2018, dass die Lichtstärke über der gesamten Spielfläche 1500 Lux betragen muss. Dies hat vor allem TV-technische Gründe, aber den Zuschauer in der Halle freut es sicher auch.

Jugendförderung mit dem DHC Rheinland

2010 gastiert der DHC Rheinland zu einem Gastspiel in Kiel, und die Truppe von Trainer Kai Wandschneider bereitet sich in einer norddeutschen Schulsporthalle auf die Partie mit dem Rekordmeister vor. Ein paar Pennäler schauen von der Holztribüne zu und einer fragt den Übungsleiter sogar, ob er nicht mitmachen dürfe. Als

Wandschneider verneint, zeigt der missmutige Schüler auf einen Spieler und sagt: »Aber der da darf doch auch.« Weder sein damals jungenhaftes Aussehen im zarten Alter von 20 Jahren noch seine eher geringe Körpergröße hindern Maximilian »Maxi« Holst in der Folge daran, einen durchaus signifikanten Fußabdruck in der Handballbundesliga zu hinterlassen. Der Linksaußen, der auch zeitweise auf der Mitte agiert, erzielt in seiner Karriere über 1300 Tore und bringt es sogar auf ein Länderspiel für Deutschland. Ob der Schüler es mitbekommen hat, ist nicht überliefert.

Handfertige Handballer

Dass Handballprofis mit ihren Händen ganz gut umgehen können, zeigen sie in schöner Regelmäßigkeit in der Halle. Ihnen wohnt neben dem ausgeprägten Ballgefühl in so manchem Fall aber auch eine mehr als formidable Fingerfertigkeit inne, welche sie für ein ganz spezielles Hobby nutzen – Gaming. Egal ob PC, Playstation oder eine andere Konsole, nicht wenige Handballer machen mit Headset und Controller in der Hand die Nacht zum Tag und ihre virtuellen Gegner zu Spielgefährten. Lasse Svan, langjähriger Rechtsaußen der SG Flensburg-Handewitt sowie der dänischen Nationalmannschaft, heuert nach der aktiven Handballkarriere sogar als Performance Coach beim E-Sports-Unternehmen Heroic an, wo er seine langjährige Expertise einbringen will. Jene beschert ihm während der Covid-19-Pandemie als »Danish Dynamite« auch den Podestplatz bei einem aus Handballkreisen organisierten Turnier in »Call of Duty: Warzone«. Sieger in der heiß umkämpften Battle Royale, die unter anderem der Flensburger Hallensprecher »Holzi« Holst, sein Cousin Mathias und Jannek Klein initiieren, wird das Team um Hannes Feise von der TSV Hannover-Burgdorf.

Man spricht Deutsch

Seit 2005 schreibt Bob Hanning mit den Füchsen Berlin eine unglaubliche Erfolgsgeschichte. Aufstieg in die HBL 2007, DHB-Pokalsieger 2014, EHF-Pokalsieger 2015 und 2018, Super-Globe-Champion 2015 und 2016, eine grandiose Jugendarbeit: In der Hauptstadt wird unter der Regentschaft des Mannes mit dem Hang zu auffälligen Pullovern sehr viel richtiggemacht. Dabei ist es Hanning wichtig, dass auch die ausländischen Spieler der deutschen Sprache mächtig sind. Zu diesem Zweck schreckt der Füchse-Macher nicht einmal vor – natürlich mit einem Augenzwinkern versehen – Drohungen zurück: »Wer nicht Deutsch spricht, bekommt ab sofort sein Gehalt in seiner Landeswährung ausbezahlt.«

Filip Jícha und der Aberglaube

Wann immer Filip Jícha ein Handballfeld betritt, achtet er quasi minutiös darauf, nicht auf die Mittellinie zu treten. Es ist nur einer von vielen Ticks des tschechischen Weltklassespielers und späteren Meistertrainers des THW Kiel, der zum Beispiel auch nur die weiß markierten Stellen des Torrahmens beim Aufwärmen berührt. Der Aberglaube und die Affinität für eben jene Farbe gehen unter anderem auf den 22. September 2007 zurück. Damals trägt Jícha entgegen seines Mantras erstmalig ein schwarzes Schweißband im Derby gegen die SG Flensburg-Handewitt. Die Kieler verlieren nicht nur das Spiel, sondern Jícha erleidet obendrein auch noch einen Meniskusriss, der ihn mehrere Monate außer Gefecht setzt. Fortan kommt ihm kein schwarzes Schweißband mehr ans Handgelenk.

Alfreð Gíslason ist »nicht vermittelbar«

Trainerlegende Alfreð Gíslason gewinnt mit dem THW Kiel zwischen 2008 und 2019 ganze 20 Titel, unter anderem sechs deutsche Meisterschaften und zwei Champions-League-Trophäen. Dem deutschen Arbeitsamt ist das allerdings in bürokratischer Hinsicht eher schnuppe. Als er sich drei Monate vor seinem Vertragsende bei den Kielern auf dem Amt arbeitslos meldet, entgegnet ihm eine Mitarbeiterin, dass sie nichts für ihn tun könne, da er nicht vermittelbar sei. Einen Beratungstermin werde er natürlich trotzdem bekommen, wenn er ihn wünsche. Der Isländer kommt auch so ganz gut zurecht und findet schon im nächsten Jahr einen Job als deutscher Bundestrainer.

Wie der Vater, so der Sohn

Dass man als Nachwuchs eines Handballers dem runden Spielgerät in vielen Fällen nicht unbedingt feindlich gegenübersteht, ist weithin bekannt. Schließlich wachsen viele Zöglinge von Altinternationalen ja mehr oder weniger in der Halle auf und brillieren oft schon in jüngsten Jahren beim »Daddeln« in der Halbzeitpause oder nach dem Abpfiff. Für Kian und Christian Schwarzer ereignet sich 2009 sogar ein zeitlich besonderes Erlebnis. Denn der Sohnemann darf im Alter von zehn Jahren beim Abschiedsspiel seines berühmten Vaters in Niederwürzbach neben ehemaligen Stars und Weggefährten des Papas wie Carlos Ortega, Andrei Xepkin oder Marc Baumgartner auflaufen. Respekt kennt der Junior nicht und schenkt direkt einmal vier Tore in der zweiten Halbzeit ein. Ein Vorgeschmack auf die Art Talent, die ihm später den Sprung in die Bundesliga ermöglicht. Auch hier wandelt er auf Papas Spuren, denn sein erster Verein ist der TBV Lemgo, wo Vater »Blacky« von 2001 bis 2007 spielt.

Motocross meets Handball

Nach eigenen Angaben konnte Philipp Weber vom SC Magdeburg eher Motorrad als Fahrrad fahren, schon mit vier Jahren setzt ihn sein motorsportbegeisterter Vater auf den »Bock«. Handball findet der Jungspund dagegen anfangs ziemlich langweilig und mausert sich stattdessen zum deutschen Vizemeister im Motocross. Lediglich vor ihm: sein guter Kumpel und späterer Weltmeister Ken Roczen, ein Superstar der Szene. Irgendwann gewinnt der Handball in Webers Herz aber die Oberhand, womit er sich nun dem Problem gegenübersieht, wie er das seinem Papa erklären soll. Mama Weber hat eine Idee, und fortan fährt ihr Sohn bei den nächsten Rennen nur noch merkwürdig langsam. Nach ein paar hinteren Rängen stellt ihn der Vater zur Rede und bekommt zu hören: »Ich möchte Handball spielen.« Der Rest ist für den deutschen Nationalspieler, wie man so schön sagt, Geschichte. Papa hatte übrigens volles Verständnis für seinen Sprössling.

Die Läuterung des Hendrik Pekeler

Es ist eine ungewöhnliche Szene, als Stefan Lövgren und Marcus Ahlm eine Leiter zur Hand nehmen und kurz darauf einen Namen vom Mannschaftsbus des THW Kiel kratzen. Es handelt sich um den von Hendrik Pekeler, damals gerade einmal 19 Jahre alt und vor den Scherben einer Profikarriere stehend, die noch gar nicht richtig begonnen hat. Als Teenager springt das Riesentalent ins Haifischbecken Handballbundesliga, wird aber von der Strömung des Profialltags hinfortgetragen. Unreif, übereifrig und von der damaligen Manipulationsaffäre beim THW verwirrt, stürzt er sich ins Kieler Nachtleben, die Nachwirkungen bescheren ihm schwache Leistungen und Unfälle beim Hanteltraining. Als er 2009 die Abreise zu einem Champions-League-Spiel in Skopje verschläft, hat er in den Augen seiner Kapitäne seinen Platz in der Mannschaft verwirkt, und ein Wechsel zum Bergischen HC ist der einzige Ausweg. Tatsächlich ist es der erste Schritt zur Besserung. »Ich habe bewiesen, dass ich mich auf den Job fokussieren kann«, sagt Pekeler dem SHZ und erinnert sich an den Aufstieg in die Bundesliga mit dem BHC. Anschließend entwickelt er sich in Lemgo und bei den Rhein-Neckar Löwen zu einem der besten Kreisläufer der Liga und wird ein Eckpfeiler in der Nationalmannschaft. 2018 bekommt er auch seine zweite Chance beim THW Kiel, wo bisher noch niemand wieder zur Leiter gegriffen hat. Warum auch, denn Pekeler hilft unter anderem bei zwei deutschen Meisterschaften und dem Champions-League-Triumph 2020 mit.

Warum Pascal Hens »Pommes« heißt

Weltmeister, Europameister, Champions-League-Sieger, deutscher Meister, DHB-Pokalsieger und 2016 sogar dänischer Pokalsieger mit dem HC Midtjylland: Pascal Hens gewinnt als Spieler so ziemlich alles, was es zu gewinnen gibt. 13 Jahre trägt der linke Rückraumspieler das Trikot des HSV Hamburg (2003 bis 2016), sein Spitzname »Pommes« geht allerdings auf seine Zeit bei Eintracht Wiesbaden zurück. Als der schmächtige Hens mit schweren Gewichten trainieren soll, fragt sein Teamkollege Alexander Acker: »Wie soll das denn gehen mit den Pommes-Ärmchen?« Sein Spitzname ist geboren. Nach der aktiven Laufbahn erweist sich Hens als Tausendsassa. 2019 gewinnt der Mann mit dem Irokesenschnitt mit Tanzpartnerin Jekaterina Leonowa die TV-Show *Let's Dance*, ein Jahr später krönt er sich an der Seite von Michael van Gerwen zum Promi-Darts-Weltmeister. 2021 lässt Hens dem früheren Profifußballer Kevin Großkreutz keine Chance und triumphiert in der Spielshow *Schlag den Star*.

Was passiert, wenn der Schiri nicht kommt?

Im Handballregelwerk muss so ziemlich jeder Eventualität Sorge getragen werden, schließlich hat man schon Pferde vor der Apotheke … Na ja, lassen wir das! Dementsprechend hält die Spielordnung der Handballbundesliga für vieles einen Ablaufplan bereit. So muss zum Beispiel laut Spielordnung der Verein, der durch ein Nichtantreten eine Spielabsage verursacht, dem jeweiligen Gegner Schadensersatz zahlen, der sich aus den durchschnittlichen Einnahmen vorheriger Spiele berechnet. Ein Spiel darf für ein Team mit 0:2 Punkten und 0:0 Toren gewertet werden, wenn die Mannschaft es versäumt, einen Ball für die Partie vor Ort bereitzustellen, oder etwa mit zwei gedopten Spielern antritt. Und sollte einmal der Schiedsrichter nicht erscheinen, dann müssen sich beide Mannschaften auf einen neutralen Referee einigen. Sind von denen mehrere anwesend, entscheidet das Los.

Der passende Musikgeschmack

Ligaweit gibt es einige Teams, die jedes Tor ihrer Spieler mit einem personalisierten Torlied feiern, welches kurz nach erfolgreichem Abschluss lautstark durch die Halle klingt. Nicht selten haben die Aktiven dabei natürlich auch ein Mitspracherecht, so auch Tobias Karlsson, langjähriger Abwehrchef und Kapitän der SG Flensburg-Handewitt. Bei nur zwei Toren während seiner letzten sieben Spielzeiten an der Förde taucht er zwar kaum vor dem gegnerischen Gehäuse auf, zeigt sich dafür aber bei seiner Songauswahl mehr als treffsicher. Der Schwede hat sich einst nämlich »Oops, I did it again« von Britney Spears gewünscht.

Beim Rauchen erwischt

2018/19 spielt Timo Kastening eine überragende Saison und wird zu Deutschlands Handballer des Jahres gewählt. Bereits in Kindheitstagen ist sein sportliches Talent unverkennbar, der Kopf aber nicht immer frei von Flausen. Ein Beispiel gefällig? Im Alter von zehn Jahren wird Kastening von Fußballtrainer Dieter Hecking (unter anderem Hannover 96, 1. FC Nürnberg, VfL Wolfsburg, Borussia Mönchengladbach, Hamburger SV) beim Rauchen erwischt. Der Rechtsaußen der MT Melsungen wächst in unmittelbarer Nachbarschaft zu Hecking auf und ist seit Kindheitstagen eng mit dessen Söhnen befreundet. Häufig spielen die Jungs auf dem Bauernhof der Familie Kastening Fußball. »Irgendwie kamen wir auf die blöde Idee, dass der Verlierer zum Automaten gehen und eine Packung Zigaretten kaufen muss«, erinnert sich der Nationalspieler. Sie setzen sich hinter eine Hecke und zünden Kippen an. »Plötzlich kommt der Dieter um die Ecke«, so Kastening: »Er hat uns einen unmissverständlichen Blick zugeworfen und wir wussten alle, dass es jetzt an der Zeit ist, sofort nach Hause zu gehen.« Obendrauf gibt es eine Kabinenansprache, die sich gewaschen hat.

Blaupause

Gelbe Karte, Rote Karte, raus die … Moment, das kann auch anders gehen! Zum Beispiel im Handball, da gibt es nämlich noch die Blaue Karte. Die IHF führt die zusätzliche Karte am 1. Juli 2016 ein, die fortan als Ergänzung der Roten Karte fungiert und signalisiert, dass neben der Disqualifikation im jeweiligen Spiel auch die Anfertigung eines Berichts vorgesehen ist. Dies passiert in der Regel bei extremen Vergehen wie Tätlichkeiten oder grob unsportlichem Verhalten, auf die anschließend ein Disziplinarverfahren folgt, über das nun auch Zuschauer direkt im Bilde sind. Die erste Blaue Karte der HBL-Geschichte erhält am 1. Oktober 2017 Marvin Sommer vom VfL Gummersbach, der im Spiel gegen die Eulen Ludwigshafen deren Rückraumspieler Jan Remmlinger beim Gegenstoß im Gesicht trifft. Handball ist übrigens nicht die einzige Sportart, die sich eine Blaue Karte zunutze macht. Auch beim Bandy, Rollhockey, Quidditch oder im österreichischen Jugendfußball kann ein Spieler oder Trainer »Blau sehen«.

Ein Angler auf Abwegen

Zusammen mit sechs anderen Nationalmannschaftskollegen zieht der Kreisläufer der Rhein-Neckar Löwen Jannik Kohlbacher im Januar 2020 für die Tierschutzorganisation PETA »blank« und verurteilt in einer Kampagne aufsehenerregend die kanadische Robbenjagd. So weit, so gut. Im Anschluss erreichen den begeisterten Angler allerdings reihenweise Nachrichten von Freunden des Sports mit der langen Rute, die sich doch arg über sein Engagement wundern. PETA ist nämlich alles andere als gut auf den Angelsport zu sprechen und hat in der Vergangenheit mehrfach das Verbot von Kohlbachers liebstem Hobby gefordert. Der sogar als Markenbotschafter für die Angelfirma Sänger aktive Profi beruhigt seine Kollegen im Anschluss schnell und nennt seine Bilder für die Tierrechtler in einem offiziellen Statement eine »einmalige Aktion«. In diesem Sinne: Petri Heil!

Andy Schmids großer Abschied

Am 8. Juni 2022 sagen die Rhein-Neckar Löwen einem ganz Großen aus ihren Reihen in seinem letzten Heimspiel »Adieu« – Andy Schmid. Zwölf Jahre zieht der Schweizer Mittelmann in Mannheim gekonnt die Fäden, gewinnt Titel für sich sowie seine Mannschaft, unter anderem zwei deutsche Meisterschaften, und begeistert die Massen mit einer ganz besonders virtuosen Art, Handball zu spielen. So abgezockt der fünffache Spieler der Saison in der Bundesliga auch agiert, so nervös ist er nach eigenen Angaben vor seiner großen Abschiedsrede an jenem Abend. Aber der Schweizer hat ein Rezept, damit jede Danksagung trotz aller Emotionen reibungslos über die Lippen geht. »Ich habe für jede Personengruppe ein Kuscheltier mitgebracht und musste dann immer innerlich ein wenig lachen, wenn ich es in der Hand hielt«, schmunzelt der Regisseur aus Horgen im Kanton Zürich im Handball-Podcast »Hand aufs Harz«. Zebras und Füchse erklären sich noch von selbst, bei den Plüschschweinchen für die Sponsoren oder den wilden Äffchen für die Physiotherapeuten wird es kreativ. Seine beiden ehemaligen Coaches Guðmundur Guðmundsson und Nikolaj Jacobsen nimmt er als unterschiedlich genährte Schäfchen aufs Korn, und kurz darauf kommen ihm nicht nur beim Lachen die Tränen, als er Familie, Freunde und Fans würdigt. Er geht, wie er immer gespielt hat, mit ganz viel Größe.

Lügen haben kurze Beine

Bereits im April 2019 ist der letztlich 2020 vollzogene Wechsel von Silvio Heinevetter von den Füchsen Berlin zur MT Melsungen beschlossene Sache. Im Rahmen der Entscheidungsfindung sind sich Füchse-Boss Bob Hanning und der Torhüter – immerhin elf Jahre im Trikot der Hauptstädter unterwegs – nicht immer grün. Es entbrennt eine in Handballkreisen untypische öffentliche Schlammschlacht. Hanning erklärt in den Medien, Heinevetter habe ein Angebot zur Vertragsverlängerung abgelehnt. »Heine« entgegnet, es habe gar kein Angebot gegeben. Man habe ihm im Gegenteil sogar einen vorzeitigen Abschied nahegelegt. Heinevetters damalige Freundin, die Schauspielerin Simone Thomalla, ist von Hanning genervt und lässt sich zu einem fiesen Instagram-Post hinreißen: »Lügen haben kurze Beine!« Eine eindeutige Anspielung auf den nur 1,68 Meter großen Füchse-Macher. Hanning kontert trocken: »Posts von Spielerfrauen kommentiere ich nicht, erst recht nicht auf diesem Niveau, denn da kenne ich mich nicht aus.«

Versäumnis des Bergischen HC

Das gesamte Team des Bergischen HC ärgert sich beim Spiel gegen den TVB Stuttgart am 2. Oktober 2022 furchtbar über eine vermeintliche Fehlentscheidung der Schiedsrichter. Während eines Angriffs des BHC betätigt TVB-Interimstrainer Michael Schweikardt unerlaubterweise den Timeout-Buzzer, was eigentlich eine Disqualifikation für ihn und einen Strafstoß für den Gegner hätte nach sich ziehen müssen. Die Schiedsrichter erlauben die Auszeit allerdings trotzdem und damit anschließend in indirekter Weise auch den 27:26-Siegtreffer der Gastgeber. Der BHC will in den Folgetagen Einspruch einlegen, kann es aber nicht. Der banale Grund? Sie lassen es nach dem Abpfiff nicht im Spielbericht vermerken, bevor dieser versiegelt wird.

Das Coming-out des Lucas Krzikalla

Lange versteckt er sich mit seinem Freund Chris in Seitenstraßen, verbirgt die Zweisamkeit hinter Büschen oder sorgt sich um ungeahnte Zuschauer.

Irgendwann aber ist Lucas Krzikalla vom SC DHfK Leipzig das Versteckspiel leid und möchte offen zu seiner Homosexualität sowie zu seinem Freund stehen. Dazu veröffentlicht der Rechtsaußen am 1. Oktober 2022 eine Dokumentation unter dem Titel *Aus der Deckung – Coming-out in der Handballbundesliga* im MDR. Schon vorher ist Geschäftsführer Karsten Günther auf die Beziehung von Krzikalla aufmerksam geworden und spricht ihn offen an. »Ich habe zu ihm gesagt, dass sein Partner immer unser Gast ist und dass er ihn ganz normal auf die Gästeliste der Partner mit draufschreiben kann. Da lagen wir uns kurz in den Armen, weil er dankbar war und wir beide froh waren, dass es jetzt raus ist. Das war am Ende ein sehr emotionaler und befreiender Moment, da hatten wir auch beide ein Tränchen im Auge«, wird Günther von der *Sportschau* zitiert. Die einstige Spielerfrauenliste ist mittlerweile in »Family & Friends«-Liste umbenannt, und auch sonst ist der Linkshänder seinem Geschäftsführer sehr dankbar für die Offenheit. Ebenso freut er sich über den breiten Zuspruch, den sein immer noch mutiges Bekenntnis nach sich zieht, welches ihn zum einzigen aktiven homosexuellen Sportler in einer deutschen Profiliga macht.

OLYMPIA

VON SCHWEREN SCHICKSALEN UND REKORDTORSCHÜTZEN

Der »Kalte Handball-Krieg«

Die Duelle zwischen BRD und DDR in der Quali für Olympia 1976 in Montreal sind sagenumwoben. »Das war Krieg«, sagt der damalige Bundestrainer Vlado Stenzel. Die DDR ist als Vizeweltmeister favorisiert, trotzdem gewinnt die BRD das Hinspiel in der Münchner Olympiahalle mit 17:14, wobei die DDR-Akteure von 10500 Zuschauern wüst beschimpft werden. Außerdem wird für die ostdeutschen Spieler völlig unerwartet auf einem Nadelfilzboden gespielt. Die DDR wittert ein »Foul vor dem Anpfiff«. Die westdeutsche Seite beteuert, man habe sich aus Kostengründen gegen den Aufbau des üblichen Holzparketts entschieden. Bis zum Rückspiel in Karl-Marx-Stadt (heute Chemnitz) bleiben mehr als zwei Monate Zeit. Stenzel überlegt, wie er seine junge Mannschaft auf die feindliche Atmosphäre vorbereiten könnte – und setzt eine verrückte Idee in die Tat um. Vor einem Testspiel in

Dietzenbach trifft der gebürtige Kroate hinter dem Rücken seiner Spieler mit den Fans die Abmachung, die deutsche Mannschaft gnadenlos auszupfeifen. Außerdem vereinbart er mit den Schiris, gegen das DHB-Team zu pfeifen. Die Spieler sind fassungslos, Stenzel zufrieden. »Die haben das so toll gemacht, es war fast wie in der DDR«, lobt der »Magier« das hessische Publikum. Das Rückspiel wird zur Nervenschlacht, die DDR führt mit 11:8, was der BRD reichen würde, weil gegen den zweiten Gruppengegner Belgien höhere Siege als der DDR gelingen. Doch dann gibt es in letzter Sekunde Siebenmeter für die DDR, der alles entscheidende Showdown, ein Moment für die Ewigkeit. Hans Engel wirft, Torhüter Manfred Hofmann wehrt mit dem Knie ab. Die BRD fährt nach Montreal und wird Vierter.

Stenzels erstes DHB-Vertragsangebot

Als sich der Deutsche Handballbund Anfang der 1970er-Jahre um die Dienste von Vlado Stenzel bemüht, ist klar, dass er dem gebürtigen Jugoslawen etwas bieten muss. Schließlich führt der »Magier« sein Heimatland 1972 in München zu Olympia-Gold und gilt bereits in jungen Jahren als ein gefragter Taktikfuchs. In einem Briefwechsel schreibt der DHB laut Stenzel damals wie folgt: »Realisierbar aber wäre nach dem bisherigen Ergebnis unserer Überprüfung ein langfristiger Vertrag mit einem monatlichen Bruttogehalt von circa 4500,- DM, die Bereitstellung eines Darlehens für die Anschaffung eines Autos, wobei die Rückzahlung mit dem späteren Kilometergeld verrechnet werden könnte, sowie unsere Bemühungen, Ihnen bei der Wohnungsfrage weitgehend behilflich zu sein.« Für Stenzel ist das Angebot in damals merklich anderen Zeiten verlockend, letztlich macht der Verband aber einen Rückzieher und verpflichtet den ehemaligen Torhüter erst zwei Jahre später als Cheftrainer.

Das Spielgerät

Jeder kennt ihn, jeder weiß, dass er rund ist, selbst wenn dies noch einmal extra im internationalen Regelwerk festgehalten ist. Aber was hat ein gemeiner Handball sonst noch zu bieten? Er besteht aus einer Leder- oder Kunststoffhülle und darf im Männerbereich einen Umfang von 58 bis 60 Zentimetern bei einem Gewicht von 425 bis 475 Gramm besitzen. Zumindest wenn er mit Harz gespielt wird. Ohne das beliebte Haftmittel liegt der Umfang nur noch bei 55,5 bis 57,5 Zentimeter und das Gewicht ist auf 400 bis 425 Gramm beschränkt. Für jüngere Altersklassen unter 16 Jahren und im Frauenbereich gibt es dementsprechende Abstufungen.

Mit Bier und Badehose

Einmal Gold (1936 in Berlin im Feldhandball), zweimal Silber (1984 in Los Angeles und 2004 in Athen), einmal Bronze (2016 in Rio de Janeiro), zweimal nicht qualifiziert (1988 in Seoul und 2012 in London) und einmal wegen des Olympia-Boykotts nicht vertreten (1980 in Moskau): So liest sich die Bilanz des DHB-Teams bei Olympischen Spielen. Insgesamt bestreitet die deutsche Auswahl bei zehn Teilnahmen 65 Partien, aus denen 37 Siege, 4 Unentschieden und 24 Niederlagen hervorgehen. Der höchste Sieg glückt 1976 in Montreal beim 26:11 gegen Kanada, die höchste Pleite setzt es 1992 in Barcelona mit 15:25 gegen das sogenannte »Vereinte Team«, ein Zusammenschluss von 12 der 15 Nachfolgestaaten der Sowjetunion. 1992 wird Deutschland Zehnter, was das schlechteste Olympia-Resultat überhaupt bedeutet. Der damalige Torhüter Andreas Thiel erinnert sich an die Gründe: »Bei Olympia ist die Ablenkung groß, da muss man Struktur reinbringen. Das ist uns 1992 nicht gelungen. Die Hockeyspieler haben das geschafft und holten Gold. Die waren total auf den Wettkampf fokussiert, durften abends nicht wie wir flanieren und Späßchen machen. Das olympische Dorf war wie ein riesiger Appartementblock-Bereich. Wir wohnten mit den Basketballern in einem Haus, saßen in der Badehose auf dem Dach, haben Bier getrunken und geredet. Das war wunderbar! Es hatte was von ›es trifft sich die

Jugend der Welt‹, war aber ein Grund für das schlechte Abschneiden.«

Paul Tiedemanns schweres Schicksal

Wie bei so vielen Kindern seiner Generation hinterlässt der Zweite Weltkrieg bei Paul Tiedemann schwere Wunden, von denen manche ein Leben lang nicht heilen wollen. Der in Sudnicken in Ostpreußen geborene Sohn von Landarbeitern muss mitansehen, wie eine seiner Schwestern von der heranrückenden Roten Armee entführt wird und für immer verschwindet. Zwei weitere seiner vier Geschwister finden im Strudel der Jahrhundertkatastrophe ihren Tod, schließlich reißen die Folgen des Krieges auch Tiedemanns Wurzeln aus dem Boden seiner Heimat. 1947 siedelt er nach Radeburg bei Dresden aus und findet schon bald den für ihn schicksalhaften Weg zum Handball. Er brilliert nach seinem Karrierestart in Leipzig auf dem Feld und in der Halle, wobei er sich als Halblinker zu einem der prägendsten deutschen Handballer der 1950er- und 1960er-Jahre entwickelt. Der Feldhandballweltmeister von 1963 und »Verdienter Meister des Sports« in der DDR startet seine Trainerlaufbahn 1968 direkt als Übungsleiter der Herren, der A-Jugend sowie der B-Jugend beim SC DHfK Leipzig. Ende der 1970er-Jahre formt er als Nationaltrainer mit seinem Partner Klaus Langhoff die späteren Olympiasieger, wobei Tiedemann sich vor allem auf die Angriffstaktik spezialisiert. Nach dem Ende seiner Amtszeit in der DDR verhilft er mit seinen Innovationen auch noch der ägyptischen Nationalmannschaft zu einem großen Erfolg, der Afrika-Meisterschaft 1991. Seine Verluste bringen alle noch so großen Erfolge aber niemals zurück.

Medaillen ohne Ende für Russland

Die Triumphe als Sowjetunion und »Vereintes Team« miteingerechnet, bringt es Russland auf viermal Gold, einmal Silber und einmal Bronze. Damit können die Russen als Rekordolympiasieger und Nation mit den meisten Medaillen (insgesamt sechs) angesehen werden. Platz zwei geht mit fünf Medaillen an Frankreich (dreimal Gold, einmal Silber, einmal Bronze). Die Franzosen sind die einzige Nation mit zwei Olympiasiegen in Folge (2008 in Peking und 2012 in London). Bei den Frauen liegen Russland (inklusive Sowjetunion) und Dänemark mit jeweils drei Goldmedaillen an der Spitze. Die Däninnen landen sogar dreimal hintereinander (1996, 2000, 2004) ganz oben auf dem Podest. Die meisten Olympia-Medaillen insgesamt gehen mit jeweils sieben an Russland (dreimal Gold, zweimal Silber, zweimal Bronze) und Norwegen (zweimal Gold, zweimal Silber, dreimal Bronze).

Der große Triumph der DDR

Gnadenlos ticken die letzten Spielsekunden des Finales herunter, die DDR wähnt mit einer hauchdünnen Ein-Tore-Führung im Rücken ihre vom Harz verklebten Hände bereits an der olympischen Goldmedaille. Da sprintet sich der sowjetische Außen Aljaksandr Karschakewitsch über die offene linke Flanke frei und fängt im Flug einen wie an der Schnur gezogenen Ball aus dem Rückraum. Als er abschließt, stürzt sich ihm ein gelb-blaues Etwas entgegen, grazil, mit wehender Mähne, wie aus dem Nichts taucht es vor ihm auf, wie ein Phantom, jenen Spitznamen, den Wieland Schmidt schon damals aufgrund seiner plötzlichen Präsenz im Handballgehäuse innehat. Als der von Schmidt abgelenkte Ball es sich im letzten Moment anders überlegt und gegen die Latte prallt, ist das Wunder vollbracht. Der DDR-Keeper ergreift ihn wie eine unbezahlbare Kostbarkeit und steigt im Jubel hinauf ins Lichterfirmament des Sokolniki-Sportpalastes zu Moskau. Eigentlich gelten ihre Gegenüber aus der Sowjetunion als unschlagbar, diese hartgesottenen und stolzen Mannen mit den für sie so typischen roten Trikots, aber am 30. Juli 1980 gelingt den Handballern der DDR trotzdem ein Kunststück für die Ewigkeit. Sie holen mit einem 23:22 im Finale gegen die sowjetischen Gastgeber zwei Jahre nach dem Weltmeisterschaftssieg ihrer deutschen Nachbarn in Dänemark den nächsten großen Triumph für Handball-Deutschland und krönen damit die Laufbahn ihrer eigenen goldenen Generation. Die Spieler bekommen anschließend den Vaterländischen Verdienstorden in Silber und 10 000 DDR-Mark als Prämie. Ihren Titel verteidigen können sie jedoch vier Jahre darauf nicht, denn nachdem viele westliche Staaten 1980 Olympia in Moskau boykottieren, bleiben die Länder des Ostblocks den Spielen 1984 im amerikanischen Los Angeles fern.

Filmstar Wolfgang Böhme

Viele kennen Wolfgang Böhme für seine großen Heldentaten auf dem Handballparkett. Sein Name hallt nicht zuletzt aufgrund seiner angeblich geplanten Republikflucht nach, für welche die DDR-Sportoberen ihren damaligen Kapitän 1980 auf ewig ins Abseits schieben und damit seiner sportlichen Erfolgsstory nach 192 Länderspielen ein abruptes Ende bescheren. Seine Kindheit im beschaulichen Heringsdorf auf Usedom verläuft für den einstigen Turner da schon wesentlich unschuldiger, wobei sich Böhme auch damals Zeit für die große, wenn auch nicht ganz so dramatische Bühne nimmt. 1962 spielt er als Teenager zusammen mit seinem fünf Minuten älteren Bruder Matthias die Rolle des Jack Büttner im Defa-Kinderfilm *Die Jagd nach dem Stiefel*, einer Verfilmung des erfolgreichen Jugendbuchs von Max Zimmering.

Uli Roth im »Abenteuerland«

1984 schreibt Uli Roth Geschichte. Mit der DHB-Auswahl, zu der damals auch sein Zwillingsbruder Michael zählt, gewinnt der Heidelberger bei den Spielen in Los Angeles die Silbermedaille. Dabei verpasst die deutsche Mannschaft die sportliche Qualifikation. Erst als sechs Länder um die Sowjetunion die Veranstaltung boykottieren, rückt das Team von Bundestrainer Simon Schobel nach – und wird mit einem komplett verjüngten Kader zur großen Überraschung. Deutschland rauscht mit fünf Siegen aus fünf Spielen ins Endspiel, wo es eine knappe 17:18-Niederlage gegen das damalige Jugoslawien setzt. Für den Kreisläufer Uli Roth ist es der größte Erfolg seiner Karriere. 13 Jahre später setzt er zu einem neuen Höhenflug auf gänzlich anderem Terrain an. In einer Hotelbar lernt Roth – damals Marketingleiter bei Radio Regenbogen – zufällig die Popband Pur kennen und wird wenig später ihr Manager. 20 Jahre lang saust der 151-malige Nationalspieler an der Seite von Sänger Hartmut Engler durch das »Abenteuerland«, ehe 2017 wegen unterschiedlicher Vorstellungen die Zusammenarbeit endet. Heute engagiert sich Roth unter anderem für die Krebsvorsorge. Der Hintergrund: 2009 erhält er drei Monate nach seinem Bruder die Diagnose Prostatakrebs. Beide überwinden die Krankheit und arbeiten ihre Erlebnisse im Buch *Unser Leben – Unsere Krankheit* auf.

Der Deutschland-Schreck

Gegen welches Land bestreitet die Nationalmannschaft bei Olympia die meisten Spiele? Mit dieser Frage dürften Sie so ziemlich jeden Experten schachmatt setzen. Die korrekte Antwort »Ägypten« wird nämlich kaum jemand auf dem Schirm haben. Insgesamt achtmal trifft Deutschland auf die Nordostafrikaner. Neben fünf Siegen setzt es dabei auch drei teilweise empfindliche Niederlagen: 1996 in Atlanta (22:24) und 2000 in Sydney (21:22) jeweils in der Gruppenphase, 2021 in Tokio im Viertelfinale (26:31). Ägypten ist damit die nichteuropäische Mannschaft, gegen die Deutschland bei den zwei großen globalen Turnieren (WM, Olympia) die meisten Pleiten kassiert. Bei Olympia steht sonst nur noch gegen Brasilien 2016 in Rio (30:33) eine Niederlage gegen einen Vertreter in den Geschichtsbüchern, der nicht in Europa beheimatet ist.

Negative Bilanz gegen sieben Nationen

Insgesamt weist die deutsche Auswahl gegen sieben Nationen eine negative Olympiabilanz auf. Frankreich (zwei Siege, vier Niederlagen), Spanien (drei Siege, vier Niederlagen) und Russland beziehungsweise Sowjetunion (zwei Siege, ein Unentschieden, drei Niederlagen) sind dabei keine große Überraschung. Auch Kroatien, gegen das im einzigen Spiel ausgerechnet das Finale 2004 in Athen verloren geht, ist zu erahnen.

Aber haben Sie auch Rumänien (ein Unentschieden, eine Niederlage), die Tschechoslowakei und Island (jeweils eine Niederlage) auf dem Zettel?

Blocktraining mit »Pinocchio«

Hölzern, bemüht, unrund – es gibt so manches Adjektiv, mit dem man Dmitri Torgowanows wackelnden Laufstil zu seiner aktiven Zeit beschreiben kann. Martin Schwalb jedenfalls erinnert es in den späten 1990er-Jahren an die von Carlo Collodi erfundene Holzfigur Pinocchio, und fortan kennen viele den gutmütigen Russen als »Pino«. Der kräftige Kreisläufer (1,99 Meter, 106 Kilogramm) findet es ulkig, kann aber auch anders. Wenn er zum Beispiel seine Teamkollegen zum mannschaftsinternen Blocktraining herausfordert. Die Aufstellung ist einfach: Torgowanow steht ohne Torwart hinter sich allein am Sechsmeterkreis und bittet darum, die Rückraumschützen möchten doch mal versuchen, über seine ausgestreckten Arme zu werfen. In so manchem Training gelingt es nicht einem seiner Teamkollegen, den Ball auch nur am Olympiasieger von 2000 vorbeizubekommen. Die Länge seiner Nase bleibt dabei übrigens unverändert.

Ein südkoreanisches Märchen

1988 bei der Heim-Olympiade in Seoul schaffen die südkoreanischen Handballteams dicke Überraschungen. Die Frauen schnappen sich Gold, die Männer um den späteren Welthandballer Jae-Won Kang nach einer 25:32-Niederlage im Endspiel gegen die Sowjetunion Rang zwei. Während der Silber-Coup der Männer die bis heute einzige Olympia-Medaille einer außereuropäischen Mannschaft bedeutet, gehören Südkoreas Frauen jahrelang zur absoluten Weltspitze. 1992 in Barcelona wird es erneut Gold, dazu kommen Silbermedaillen 1984, 1996 und 2004, Bronze 2008 sowie der WM-Titel 1995. Noch besser als Südkorea schneiden bei einem olympischen Turnier lediglich drei Nationen ab: Die Sowjetunion (1976), Jugoslawien (1984) und Frankreich (2021) feiern jeweils im selben Jahr Gold bei den Frauen und den Männern.

Rekordolympionike Andrei Lawrow

Andrei Iwanowitsch Lawrows Handballkarriere ist auch ein gewisses Stück Zeitgeschichte, denn er steht direkt für drei verschiedene Nationalmannschaften bei Olympischen Spielen im Tor. Mit der Sowjetunion (1988 in Seoul), der GUS (1992 in Barcelona) und Russland (2000 in Sydney) holt er jeweils olympisches Gold und ist damit der einzige Handballer der Geschichte, dem dieses Kunststück für drei unterschiedliche Nationalteams gelingt. Mit 42 Jahren packt er in Athen 2004 sogar noch eine Bronzemedaille obendrauf, unter anderem bereitet er sich auf jenes Turnier mit seinem Sohn vor, der stundenlang Bälle auf seinen Kasten schmettern darf. Auch in der Bundesliga hält Lawrow einen zeitlosen Rekord: Mit 132 abgewehrten Siebenmetern in 131 Spielen ist er der einzige Spieler überhaupt, der in über 100 Partien mehr als einen Strafwurf pro Partie halten kann.

Der Schweden-Fluch

Fünfmal Europameister, viermal Weltmeister, aber nie Olympiasieger. Auf ganzen Generationen von schwedischen Handballern lastet der »Fluch der Ringe«. Vier Finaleinzüge schaffen die Skandinavier bei Olympia, immer hängt am Ende »nur« Silber um den Hals. Endspielniederlagen setzt es 1992 gegen das »Vereinte Team« (20:22), 1996 gegen Kroatien (26:27), 2000 gegen Russland (26:28) und 2012 gegen Frankreich (21:22).

Nur vier deutsche Teilnahmen

Die Olympiabilanz der DHB-Ladys ist ausbaufähig. Zwölfmal ist Frauenhandball bei Spielen im Programm, achtmal verpasst Deutschland die Qualifikation. Als beste Ergebnisse stehen die beiden 4. Plätze 1984 in

Los Angeles und 1992 in Barcelona in den Büchern, die letzte Teilnahme datiert aus dem Jahr 2008 in Peking. Von insgesamt 19 Partien gewinnt die DHB-Auswahl 6 und verliert 13. Bitter: Gleich sechs Spiele gehen mit nur einem Tor Differenz verloren.

Die Persönlichkeit Velimir Kljaić

Velimir Kljaić kommt zwar als Jugendlicher in Jugoslawien ziemlich spät zum Handball, aber als die Leidenschaft erst einmal geweckt ist, kann er nicht mehr vom Sport lassen. Und schon gar nicht davon, es anderen beizubringen, wofür er selbst im hohen Alter noch auf Kästen steigt, um seinen Schützlingen einen rabiaten Block zu präsentieren. Es ist nur eine von manch kurioser Trainingsmethode des exzentrischen Übungsleiters. Bei ihm kommt es auch mal vor, dass er aus Protest gegen die Schiedsrichterleistung die gesamte Mannschaft in die Kabine beordert. Dem Erfolg tut es nie einen Abbruch, denn er wird unter anderem deutscher Meister mit der SG Wallau/Massenheim und führt Kroatien 1996 zu Olympia-Gold in Atlanta. Ebenfalls unvergessen sind »Velkos« Sprüche. Mal spielt sein Team wie »ein Auto ohne Lenkrad« oder er verlangt mehr »Räuber« und »echte Rambo-Typen« in seiner Mannschaft. Ein anderes Mal philosophiert er: »Wenn ein Schaf ein Rudel von Wölfen anführt, fangen die Wölfe an zu blöken. Wenn aber ein Wolf eine Schafherde führt, fangen die Schafe an zu beißen.« 2010 stirbt der Wolf im Alter von 64 Jahren an Lungenkrebs und hinterlässt eine trauernde Handballwelt.

Roggisch schickt Brand ins Bett

Im März 2004 macht die deutsche Nationalmannschaft beim vorolympischen Turnier in Griechenland Halt. Die Spieler genießen nach einem 30:23-Sieg gegen die Gastgeber einen feuchtfröhlichen Abend auf dem Balkon ihres Hotels in Athen. Um drei Uhr nachts wird ein Gast von dem Lärm geweckt. »Er hat ganz seltsam vom Balkon von der gegenüberliegenden Seite zu uns herübergesehen. Ich erkannte ihn zwar nicht, aber es war ihm offensichtlich zu laut«, erinnert sich der frühere Weltklasse-Abwehrspieler und heutige DHB-Teammanager Oliver Roggisch: »Ich fühlte mich belästigt und forderte ihn auf, wieder ins Bett zu gehen. Das tat er dann auch. Am nächsten Morgen kam Bundestrainer Heiner Brand zu mir und meinte ganz trocken, dass er noch nie von einem Spieler ins Bett geschickt worden sei. Erst in diesem Moment hat es bei mir Klick gemacht.«

Ein episches Drama

Das Olympia-Viertelfinale 2004 zwischen Deutschland und Spanien gilt als eines der legendärsten Spiele der DHB-Historie. Am Ende setzt sich das DHB-Team im epischen Drama von Athen nach zweimaliger Verlängerung und Siebenmeterwerfen mit 32:30 gegen die Iberer durch. Dabei scheint die Partie bereits in der ersten Verlängerung verloren, die nach dem 27:27 am Ende der regulären Spielzeit beinahe durch ein einziges Tor entschieden wird. Spanien führt mit 28:27, als Christian Schwarzer in letzter Sekunde einen Siebenmeter herausholt, den Daniel Stephan nach Ablauf der Zeit verwandelt und die nächste Overtime erzwingt. Diese endet 2:2, es kommt zu einem nervlich kaum zu ertragenden Siebenmeterwerfen. Die ersten vier Schützen scheitern allesamt. Spaniens Torhüter David Barrufet hält gegen Stefan Kretzschmar und Florian Kehrmann, Henning Fritz entschärft die Versuche von Fernando Hernández und Ion Belaustegui. Torsten Jansen, im gesamten Spiel zuvor nicht eingesetzt, trifft erstmals für Deutschland, während Juanín Garcia gegen Henning Fritz und Markus Baur gegen Barrufet den Kürzeren ziehen. Xavier O'Callaghan könnte ausgleichen, setzt den Ball aber an den Pfosten. Stephan bleibt im fünften Versuch für das Team von Heiner Brand cool, versenkt und entscheidet damit die Partie. »Für mich war es das Größte. Zweimal Verlängerung und Siebenmeterwerfen habe ich noch nie erlebt«, sagt Fritz, der gemeinsam mit dem neunfachen Torschützen Schwarzer und Stephan, der die Siebenmeterwürfe verwandelt hat, zum Helden wird. Deutschland siegt im Halbfinale gegen Russland (21:15), verliert im Finale gegen Kroatien (24:26) und holt Silber.

Handballnation Island

Bei den Olympischen Spielen 2008 in Peking sorgt die isländische Nationalmannschaft für eine Riesensensation, denn das kleine Land stürmt unter der Führung von Trainer Guðmundur Guðmundsson zur Silbermedaille. Dabei hat Island damals nur circa 310 000 Einwohner, schickt neben den 14 Handballern bloß 13 andere Sportler nach China und beheimatet gerade einmal um die 40 Handballklubs. Zum Vergleich: Der Deutsche Handballbund, dessen Auswahl in Peking in der Gruppenphase ausscheidet, hat damals weit über 800 000 Mitglieder und an die 4000 Vereine. Das Erfolgsrezept der Isländer liegt seit jeher in hartem und begeistertem Training, das raue Wetter zwingt die Kinder zusätzlich in die Hallen der kleinen Insel und schafft früh eine Basis für den Sport. Guðmundsson hat vor Olympia aber noch eine andere Siegesformel. Er lässt so, wie es Handballer lieben, besonders viel Fußball spielen, achtet dabei aber ganz genau auf den Einsatz seiner Jungs und vergibt zusätzlich für jede Einheit Vorbereitungspunkte. Es wird sogar eigens ein Preis für den eifrigsten Arbeiter im Training ausgelobt, um den Guðjón Valur Sigurðsson, Ólafur Stefánsson und Co. verbissen bis zur letzten Übungseinheit kämpfen. Und der sie anscheinend ganz gut auf das spätere Turnier vorbereitet hat.

Eine beispiellose Posse, Teil 1

2007 kommt es beim asiatischen Quali-Turnier für die Spiele in Peking zu unvorstellbaren Szenen. In Toyota (Japan) gewinnt der krasse Außenseiter Kuwait 28:20 gegen Südkorea und löst das Olympia-Ticket. Ein Wunder, das allerdings auf die Einflussnahme »höherer Mächte« zurückzuführen ist. Das deutsche Schiedsrichtergespann Frank Lemme und Bernd Ulrich, vom Weltverband IHF auf Bitte Südkoreas wegen der Furcht vor Manipulation eingeflogen, wird kurz vor Anpfiff plötzlich gegen das jordanische Duo Alshobaki/Hirzallah ausgetauscht. Die Folge: Abstruse Pfiffe am laufenden Band! Korrekte Tore Südkoreas werden aberkannt, Stürmerfouls geahndet, bei denen es teilweise nicht einmal zum Körperkontakt kommt. Das belegen Videobilder von damals eindeutig. »Es war beschämend, das mitanzusehen«, erinnert sich Lemme im WDR. Als ein Südkoreaner über den Fuß eines Kuwaitis stolpert und dafür eine Zeitstrafe kassiert, hält es selbst IHF-Supervisor Alexander Koschukow nicht mehr auf seinem Sitz. Er fordert die Schiris auf, sich um »Fairness und Korrektheit« zu bemühen. Der Appell verhallt, am Ende sind es sage und schreibe 38 Situationen, in denen die Jordanier Kuwait bevorzugen. HBL-Star Kyung-Shin Yoon spricht von »Betrug«, Verband und Medien laufen in Südkorea Sturm. Als Drahtzieher der Schummelei gilt Ahmad Al-Fahad Al-Sabah, kuwaitischer Scheich und Präsident des asiatischen Handballverbandes. Erst als das IOC laut darüber nachdenkt, Handball in Peking wegen des Skandals aus dem Programm zu nehmen, handeln die IHF und ihr Oberhaupt Hassan Moustafa. Das Turnier wird wiederholt, Südkorea qualifiziert sich.

Eine beispiellose Posse, Teil 2

Quasi zeitgleich wird auch die südkoreanische Frauennationalmannschaft verschaukelt. Beim Quali-Turnier in Almaty setzt sich völlig überraschend Gastgeber Kasachstan durch und bahnt sich den Weg nach Peking. Da die südkoreanische Delegation bereits im Vorfeld mit Manipulation rechnet, wird versucht, die offensichtlichen Fehlentscheidungen der Schiedsrichter auf Video festzuhalten. Doch daraus wird nichts. »Wenn unsere Leute filmen wollten, sind Soldaten gekommen und haben es verhindert«, berichtet Südkoreas Trainer Young-Chul Lim. Das Muster von Almaty ist dem von Toyota nicht unähnlich. Auch in der kasachischen Metropole soll mit den Dänen Olesen/Pedersen vorsichtshalber ein europäisches Schiedsrichtergespann eingesetzt werden, wird dann allerdings kurzfristig durch Karbas-Chi/Kolahdouzan aus dem Iran ersetzt. Der Bände sprechende Kommentar von IHF-Schiri-Chef Christer Ahl: »Die Ergebnisse in Kasachstan waren erstaunlich.« Auch dieses Turnier wird letztlich wiederholt, unter fairen Bedingungen qualifizieren sich Südkoreas Frauen souverän – und holen in Peking sogar Bronze.

Gensheimer vor Kretzschmar

2016 in Rio präsentiert sich Uwe Gensheimer in überragender Verfassung. Der Linksaußen ist in fünf von acht Spielen bester deutscher Werfer, gekrönt von einer Elf-Tore-Gala beim bitteren 28:29-Aus im Halbfinale gegen Frankreich. Insgesamt erzielt Gensheimer 49 Tore – lediglich der Pole Karol Bielecki (55) und der Däne Mikkel Hansen (54) treffen am Zuckerhut häufiger – und ist damit der deutsche Spieler in der DHB-Geschichte mit den meisten Buden bei einem olympischen Turnier. Platz zwei geht an Stefan Kretzschmar, der 2004 in Athen 44-mal erfolgreich ist. Folgerichtig wird Gensheimer ins All-Star-Team des Turniers gewählt. Das gelingt bei Olympia neben dem Mannheimer mit Torhüter Henning Fritz und Kreisläufer Christian Schwarzer (beide 2004) nur zwei weiteren deutschen Nationalspielern.

Rekordtorschütze Mikkel Hansen

2016 gewinnt Mikkel Hansen mit Dänemark bei den Olympischen Spiele in Rio de Janeiro die Goldmedaille, aber der Shooter aus dem linken Rückraum setzt sich dazu beim alle vier Jahre stattfindenden Großevent auch als Torjäger ein vielleicht ewiges Denkmal. Er stellt mit 61 Treffern bei den wegen Covid-19 verschobenen Spielen in Tokio 2021 nicht nur einen individuellen Rekord für ein olympisches Turnier auf, sondern ihm gelingen mit insgesamt 165 Toren auch die meisten in der Geschichte der Spiele.

Sie möchten zu Olympia? Bitte melden!

Als London 2005 den Zuschlag für die Olympischen Spiele 2012 erhält, existiert weder bei den Frauen noch bei den Männern eine britische Nationalmannschaft. Zwar nimmt in den 1970er- und 1980er-Jahren ein Männerteam an der damals noch ausgetragenen C-WM teil, 1988 verläuft Handball auf der Insel aber im Sand. Der Ausrichter ist bei Olympia teilnahmeberechtigt – und diese Chance wollen sich die wenigen Handball-Freaks in Großbritannien nicht entgehen lassen. Es wird ein Budget von 4,3 Millionen Euro bereitgestellt, mit dem zwei Nationalteams geformt werden sollen. Unter anderem wird mit Zeitungsannoncen nach Interessierten gesucht. Nach dem Motto: Sie möchten an Olympia teilnehmen? Bitte melden! So wechseln die Basketballerin Kathryn Fudge, der Fußballer Robert White und der American-Football-Spieler Daniel McMillan quasi über Nacht die Sportart, insgesamt gehen 500 Bewerbungen ein. Nach einem Casting werden die Auserwählten in einer dänischen Handballakademie ausgebildet. Dort ist auch der Deutsch-Schotte Chris Mohr dabei, immerhin Handballer, damals für die TSG Bürgel in der Bezirksoberliga aktiv. Für den Traum von Olympia bricht Mohr nach dem Realschulabschluss die Schule ab, schließt sich dem dänischen Drittligisten Odder Handbold an und verdient seinen Lebensunterhalt als Bäcker. Bei Olympia setzt es für die Frauen und die Männer in jeweils fünf Partien fünf Niederlagen, was freilich völlig egal ist. Dabei sein ist schließlich alles!

Luc Abalo und die Kunst

Ist es ein Vogel? Nein. Ist es ein Flugzeug? Nein. Es ist auch nicht Superman, der da auf Rechtsaußen die Gesetze der Schwerkraft aushebelt, sondern Luc Abalo. Jahrelang gehört der französische Flügelflitzer zu den besten Spielern des Planeten und brilliert dabei mit einer Athletik, wie man sie nur selten auf dem Parkett bewundern kann. Einige seiner spektakulären Flugeinlagen und Tore erinnern an kleine sportliche Kunstwerke, was vielleicht seinen Grund in seinem Herzen hat. Abalos Traumberuf ist nämlich eigentlich gar nicht der des Handballspielers, sondern er würde sich viel lieber als Maler oder Illustrator verwirklichen. Damit beginnt der zudem begeisterte Fotograf dann auch schon während seiner Handballkarriere und designt unter anderem ein Armband für die Olympiabewerbung der Stadt Paris 2024. Das und noch ein paar andere Dinge hat der zweifache Olympiasieger dann sogar Superman voraus.

Außer Rand und Band in Rio

2016 gewinnt die deutsche Nationalmannschaft bei den Spielen in Rio de Janeiro Bronze. Nach der Niederlage im Halbfinale gegen Frankreich setzen sich die Mannen von Bundestrainer Dagur Sigurðsson im Spiel um Platz drei mit 31:25 gegen Polen durch. Es ist die erste olympische Medaille seit den beiden Silbermedaillen 1984 in Los Angeles und 2004 in Athen. Kein Wunder also, dass nach dem Coup in der Future Arena das Bier in Strömen fließt. Der darauffolgende Auftritt im ZDF verläuft entsprechend denkwürdig: Silvio Heinevetter fährt Hendrik Pekeler mit einer Sackkarre ins Studio, Finn Lemke trägt ein Kettenschloss um den Hals und outet sich als »Sklave von Oliver Roggisch«. Moderator Rudi Cerne fragt verblüfft in die Runde: »Können Sie noch reden? Sie haben schon gut getankt, oder?« Tobias Reichmann versucht sich unter dem Gelächter der Teamkollegen lallend an einer Analyse des Turniers: »Wir sind hier mit Amitio... Ambi... Ambinationen hergekommen.« Auch der Bundestrainer ist nicht mehr nüchtern, gibt sich aber keine Blöße. Alle Fragen von Cerne beantwortet Sigurðsson losgelöst von aller Sinnhaftigkeit routiniert mit nur einem Wort: Ja oder Nein.

Nicht wirklich königlich, Eure Exzellenz

Schon als Handballer sammelt Iñaki Urdangarin während seiner langen Karriere fleißig Titel, unter anderem gewinnt er mit dem FC Barcelona zehn nationale Meisterschaften und dazu sechsmal den Europapokal der Landesmeister. Ein ganz besonderer kommt aber im privaten Bereich dazu. Bei den Olympischen Spielen in Atlanta stellt ihm Wasserballtorhüter Jesús Miguel Rollán eine gewisse Cristina de Borbón vor, ihres Zeichens Tochter des spanischen Königs Juan Carlos. Es funkt zwischen den beiden, und durch die Hochzeit wird Urdangarin selbst als Herzog von Palma Teil der iberischen royalen Familie. Dementsprechend eifrig stürzt sich »Eure Exzellenz«, wie er fortan offiziell angeredet wird, nach seiner Handballlaufbahn in die gemeinnützigen und repräsentativen Aufgaben, die ihm sein neues Amt beschert. Irgendwann allerdings ein wenig zu eifrig. Als Vorsitzender der Stiftung Noos wickelt der Linkshänder reihenweise zwielichtige Geschäfte ab und wird schließlich vom Tribunal Supremo in Madrid wegen Geldwäsche, Betrug, Urkundenfälschung sowie der Veruntreuung von Steuergeldern angeklagt. Schließlich verurteilt ihn der Oberste Spanische Gerichtshof zu fünf Jahren und zehn Monaten Freiheitsstrafe, etliche Immobilien und der Adelstitel sind in diesem Zuge ebenfalls futsch. Auch die Ehe mit Cristina geht für Urdangarin in die Brüche, der aber kurz nach seiner verfrühten Entlassung aus dem Gefängnis von Boulevardzeitungen bereits wieder mit einer neuen blonden Freundin gespottet wird. Sein Sohn Pablo wandelt derweil zumindest sportlich auf den Spuren des Vaters und läuft ebenfalls für den FC Barcelona auf.

Ein Brocken namens Bam Bam

2016 Bronzemedaillengewinner in Rio, 2019 beim 4. Platz bei der Heim-WM der Liebling der Fans: Patrick Wiencek prägt das Spiel der Nationalmannschaft über viele Jahre. Dabei sticht der 1989 in Duisburg geborene Kreisläufer weniger mit filigranen Offensivaktionen heraus. Vielmehr ist der 2,01 Meter große und gut 110 Kilogramm schwere Brocken ein Fachmann für die Drecksarbeit in der Abwehr, wo er mit seiner rigorosen Vorgehensweise im Mittelblock unzählige blaue Flecken auf gegnerischen Körpern hinterlässt. Deshalb, und weil er mit seinen blonden Haaren an den Jungen mit der Keule aus der Zeichentrickserie *Familie Feuerstein* erinnert, lautet sein Spitzname »Bam Bam«. Wienceks Weg zum Weltklassespieler, der ihn über die Stationen MSV Duisburg, HSG Düsseldorf, Bergischer HC, TUSEM Essen und VfL Gummersbach 2012 zum THW Kiel führt, ist dabei keinesfalls vorgezeichnet. Er gilt in der Jugend als nicht besonders talentiert und schafft es nicht einmal in die Niederrheinauswahl. Sein Erfolgsrezept ist harte Arbeit, der gelernte Anlagenmechaniker wird mit Kiel fünfmal deutscher Meister, viermal DHB-Pokalsieger und 2020

Champions-League-Sieger. Abseits der Platte verkörpert der Familienvater übrigens das krasse Gegenteil zu seinem Haudrauf-Image als Spieler. »Auf dem Spielfeld ist Patrick sehr aggressiv. Neben dem Spielfeld ist er der liebste Kerl, der nicht einmal einer Fliege etwas zuleide tun kann«, verrät sein Teamkollege Hendrik Pekeler.

Nikola Karabatić – der »GOAT« (Greatest Of All Time)

In den Blättern der damaligen Sportgazetten ist es nur eine wenig beachtete Randnotiz, der Wechsel eines gewissen Branko Karabatić zum ASL Robertsau in Straßburg 1985 ist aber vielleicht einer der ganz großen Meilensteine im französischen Handball. Nicht unbedingt, weil der jugoslawische Spitzenkeeper mit Nationalmannschaftserfahrung beim damaligen Viertligisten durchaus beachtliche Erfolge feiert, sondern eher, weil einige Jahre später seine ganze Familie ihm nach Frankreich folgt. Mit dabei ist ein kleiner Bub namens Nikola, der sich fortan in die Sportart des Papas verliebt und bald schon zum vielleicht größten Spieler reift, den dieser Sport je gesehen hat. Kraftvoll, dynamisch und mit einem Spielverständnis von einem anderen Stern ausgestattet, drängt Nikola im Alter von 17 Jahren auf die Profibühne und feiert noch vor seinem 20. Geburtstag einen Champions-League-Titel sowie sein Debüt in der Nationalmannschaft. In 20 Jahren gewinnt er mit seinen Vereinen nur in einer einzigen Saison (2013) nicht die nationale Meisterschaft, um seinen Hals hängen drei olympische Goldmedaillen und er wird mit der *Équipe Tricolore* viermal Weltmeister sowie dreimal Europameister. Der dreifache Welthandballer wird 2012 zwar in einem Wettmanipulationsskandal verurteilt, bei dem Teamkollegen ein Spiel zugunsten von wettfreudigen Verwandten verschoben haben sollen, seinem Ruf als vielleicht größtem Spieler aller Zeiten tut dies aber nur wenig Abbruch. Gerade weil er neben seiner überragenden Offensive auch im Deckungszentrum seinen Mann stehen kann, gilt er für viele noch heute als Inbegriff des kompletten Spielers. Was so ein kleiner Wechsel in der 4. Liga doch alles bewirken kann.

Knorr schreibt Geschichte

Als Deutschland am 24. Juli 2021 sein Auftaktspiel in Tokio gegen Spanien mit 27:28 verliert, schreibt Juri Knorr Geschichte. Mit 21 Jahren und 76 Tagen wird der gebürtige Flensburger zum jüngsten deutschen Handballer bei Olympischen Spielen und löst damit Jochen Fraatz ab, der bei seinem Debüt 1984 in Los Angeles 21 Jahre und 78 Tage auf dem Buckel hat. Die Partie gegen Spanien läuft für Knorr überschaubar. Er darf exakt 9 Minuten und 18 Sekunden mitwirken und erzielt dabei ein Tor.

Novum durch Guðmundsson

Seit den Spielen 1972 in München ist Hallenhandball olympisch. Von den 13 Olympiasiegen geht nur einer auf die Kappe eines Trainers, der nicht aus der Nation des Champions stammt – Guðmundur Guðmundsson! 2016 holt der Isländer in Rio Gold mit Dänemark durch ein 28:26 im Finale gegen Frankreich. In Deutschland ist der Mann aus Reykjavik unter anderem als Coach von Bayer Dormagen, den Rhein-Neckar Löwen und der MT Melsungen bestens bekannt. Zwei Trainer dürfen sich Doppel-Olympiasieger nennen: Anatoli Jewtuschenko 1976 und 1988 mit der Sowjetunion und Claude Onesta 2008 und 2012 mit Frankreich.

EM

VON ABWEHRSCHLACHTEN UND EINER TRACHT PRÜGEL

Der Vorläufer der EM

Zwischen 1968 und 1989 wird jährlich der Ostseepokal ausgetragen. Das Turnier findet in wechselnden Ländern statt und ist eine Art inoffizieller Vorläufer der Europameisterschaft, die nach der 1991 erfolgten Gründung der EHF (Europäische Handballföderation) ab 1994 vonstattengeht. Bei der Premiere 1968 setzt sich Rumänien in Polen die Krone auf. Rekord-Ostseepokalsieger ist mit acht Goldmedaillen die DDR vor der Sowjetunion, die siebenmal triumphiert. Tatsächlich wird das Turnier ausschließlich von den Mannschaften aus DDR, Sowjetunion und Rumänien gewonnen. Die BRD holt immerhin dreimal Silber und viermal Bronze.

Die Gründung des Deutschen Handballbundes

Nach dem Zweiten Weltkrieg dauert es ein wenig, bis der Handball wieder an Bedeutung für Deutschland gewinnt, aber der beliebte Sport soll am 1. Oktober 1949 einen wichtigen Meilenstein erleben. An jenem Tag treffen sich nämlich 46 Delegierte in der Stadthalle von Mülheim an der Ruhr und gründen mit dem Deutschen Handballbund einen Dachverband für die Sportart. Erster Präsident wird Willi Daume, der zuvor ganz nebenbei in einem Arbeitsausschuss die Grundlagen für jene bedeutende Gründung gelegt hatte. Eigentlich betreibt Daume, der später auch dem Deutschen Sportbund wie auch 31 Jahre lang dem Nationalen Olympischen Komitee der Bundesrepublik vorsteht, damals eine Eisengießerei in Dortmund. Hier wird er auch heute noch nach seinem Tod geehrt, denn der Hauptsitz des DHB ist nach ihm benannt. Der Verband entwickelt sich mit der Zeit zum größten Handball-Dachverband der Welt, mit über 700 000 Mitgliedern, die in gut 4200 Vereinen und 21 000 Mannschaften aktiv sind.

Rekordeuropameister Schweden

Die erste offizielle EM der Männer wird 1994 in Portugal ausgetragen und findet seither im Zwei-Jahres-Rhythmus statt. Bei den ersten vier Ausgaben nehmen jeweils zwölf Nationen teil, bis 2018 16 und seit 2020 24. Schweden ist mit fünf Titeln Rekordeuropameister (1994, 1998, 2000, 2002, 2022) vor Frankreich, das dreimal triumphiert (2006, 2010, 2014). Außer Schweden, das 1998, 2000 und 2002 dreimal in Folge Gold holt, gelingt nur noch Spanien eine Titelverteidigung (2018 und 2020). Während Schweden als bisher einzige Nation das Turnier im eigenen Land gewinnt (2002 mit 33:31 nach Verlängerung im Finale gegen Deutschland), holt Spanien neun und damit die meisten EM-Medaillen überhaupt (zweimal Gold, fünfmal Silber, zweimal Bronze). Außerdem steht kein Team bei den bislang 15 Ausgaben so häufig im Endspiel wie die Iberer (siebenmal), Schweden folgt mit sechs Finalteilnahmen. Das einzige Land, das zweimal eine EM allein austrägt, ist Kroatien (2010 und 2018). Deutschland ist 2024 übrigens erstmals überhaupt EM-Gastgeber.

Wodka Lemon in Dosen

Als die deutsche Nationalmannschaft in der EM-Quali in Tel Aviv gastiert, gehen Stefan Kretzschmar, Andreas Thiel, Jan Holpert und Christian Ramota in einen Laden. So weit, so gut. Dort stellt das Quartett begeistert fest, dass es Wodka Lemon in Dosen zu kaufen gibt. Wie man darauf reagiert, verrät »Kretzsche« selbst: »Das fanden wir so überragend, dass wir gleich einen ganzen Koffer voll davon gekauft haben.« Mit den edlen Getränken vergnügen sie sich anschließend in einem Hotelzimmer.

Deutschlands Horrorgegner Spanien

Zwei Goldmedaillen (2004 in Slowenien und 2016 in Polen), einmal Silber (2002 in Schweden), einmal Bronze (1998 in Italien), einmal nicht qualifiziert (2014 in Dänemark) und Rang zehn als schlechteste Platzierung (2010 in Österreich): So liest sich die EM-Bilanz der deutschen Handball-Männer. In 95 Spielen holt Deutschland 49 Siege, zwölf Unentschieden und kassiert 34 Niederlagen. Als absolute EM-Angstgegner der deutschen Auswahl erweisen sich Spanien (zwei Siege, ein Unentschieden, acht Niederlagen), Frankreich (ein Sieg, drei Unentschieden, sechs Niederlagen) und Kroatien (ein Sieg, vier Niederlagen). Klarer Lieblingsgegner ist Slowenien (sieben Siege, zwei Unentschieden). Auch das Resultat gegen die skandinavischen Topnationen kann sich sehen lassen: Gegen Dänemark und Schweden gelingen jeweils vier Siege bei drei Niederlagen, gegen Norwegen ein Sieg, ein Unentschieden und eine Niederlage.

Die Abwehrschlacht von Jönköping

Zum Auftakt der EM 2002 in Schweden sorgen Deutschland und Frankreich für ein historisches Ereignis. Am

Ende einer unvorstellbaren Abwehrschlacht in der Kinnarps-Arena von Jönköping steht mit 15:15 (8:8) das niedrigste Ergebnis der EM-Historie auf der Anzeigetafel. Nur zwei Mannschaften erzielen bei einer Europameisterschaft weniger Treffer: Kroatien 1998 bei einer 14:29-Niederlage gegen Russland und Ungarn 2016 beim 14:22 gegen Schweden. »Ein 15:15 würde heutzutage sicher nicht mehr vorkommen«, meint Bundestrainer Heiner Brand rückblickend: »Ich weiß gar nicht mehr genau, wie es zustande kam, aber die beiden Abwehrreihen müssen wohl recht gut gewesen sein.« In der Tat. Die beiden DHB-Spieler Markus Baur und Florian Kehrmann sowie die Franzosen Jérôme Fernandez und Bertrand Gille sorgen mit jeweils vier Toren allein für mehr als die Hälfte der Treffer.

Das Drama von Stockholm

Das Finale 2002 zählt zu den dramatischsten Spielen der DHB-Geschichte. Das überraschend starke Team von Bundestrainer Brand trifft nach dem Sieg im Halbfinale gegen Dänemark (28:23) auf Gastgeber Schweden, 14303 Zuschauer verwandeln die Globen-Arena in Stockholm in einen Hexenkessel. Deutschland zeigt eine fantastische Leistung und führt bei eigenem Ballbesitz 30 Sekunden vor Schluss mit 26:25, doch dann überschlagen sich die Ereignisse. Das DHB-Team bekommt von den mazedonischen Schiedsrichtern ein fragwürdiges Stürmerfoul angehängt, im Gegenzug erhält der Kieler Klaus-Dieter Petersen eine nicht minder umstrittene Zwei-Minuten-Strafe. Staffan Olsson erzielt sieben Sekunden vor dem Ende das 26:26, die DHB-Auswahl führt das Anspiel blitzschnell aus und Florian Kehrmann wirft den Ball ins Tor. »Ich habe erst mal geglaubt, dass es ein Tor ist«, sagt selbst Schwedens Johan Pettersson: »Dann kamen die Schiris und haben gesagt, dass es kein Tor ist, weil ich im Anwurfkreis stand. Ich wusste nichts von dieser Regel.« Die Partie geht in die Verlängerung, Schweden ist nun cleverer und siegt 33:31. Beim DHB-Team herrscht Frust. »Wir haben das letzte Tor geworfen, aber das wurde nicht anerkannt. Vielleicht hatten sie die deutsche Hymne nicht da. Wir gehen jetzt zum Bankett und lassen weiter die Beweihräucherung der EHF auf die guten Schweden über uns ergehen«, schimpft Deutschlands Petersen. Auch Brand ist nach dem Verpassen des ersten EM-Titels restlos bedient: »Hier sind schon ein paar merkwürdige Dinge passiert.«

Die musikalische Nationalmannschaft

Udo Jürgens und die Fußballnationalmannschaft ist eine sportlich-musikalische Koproduktion, die sich über die Jahre mit Gassenhauern wie »Buenos Dias Argentina«, »Wir sind schon auf dem Brenner« oder »Trainer lügen nicht« in die Herzen der deutschen Fans säuselt. Aber auch der Handball hat sein ganz eigenes Stück Musikgeschichte. Der berühmte Günter Noris, seines Zeichens Bundesverdienstkreuzträger und Begründer der Big Band der Bundeswehr, nimmt Anfang der 1980er-Jahre mit den deutschen Nationalspielern eine begeisternde Platte auf. Auf Seite eins hört man »Immer am Ball« und Seite zwei wartet mit der »Handball-Melodie« auf, beides aufmunternde Chansons zum fröhlichen Mitsingen. So wirklich haben sich Zeilen wie »Wir werden alles wagen, stürmen aus allen Lagen« und »Wir werden alles geben, so ist bei uns das Leben« aber nicht im Unterbewusstsein des Handballsports festgesetzt. Schade eigentlich!

Ausländische Männer-Bundestrainer

In der Geschichte des Deutschen Handballbundes gibt es bisher vier ausländische Bundestrainer. Den Anfang macht der Kroate Vlado Stenzel (1974 bis 1982). Es folgen der Rumäne Petre Ivănescu (1987 bis 1989), der allerdings ab 1988 in Besitz der deutschen Staatsbürgerschaft ist, und die beiden Isländer Dagur Sigurðsson (2014 bis 2017) und Alfreð Gíslason (seit 2020). Heiner Brand bestreitet in seinen 14 Jahren als DHB-Coach (1997 bis 2011) zwar die mit Abstand meisten Spiele aller Bundestrainer (399), die längste Amtszeit geht allerdings an Werner Vick, der von 1955 bis 1972 das Sagen hat.

Brands Schiri-Wut

Niemand kann sich schöner über Unparteiische aufregen als Heiner Brand. »Wenn diese Schiedsrichter ein Gewissen haben, dann ein schlechtes«, sagt der 70-Jährige nach einem Spiel bei der EM 2008 in Norwegen.

»Knorre« als Torschützenkönig

Thomas Knorr hat allen anderen deutschen Handballern etwas voraus. Er ist der einzige DHB-Spieler, der Torschützenkönig einer EM wird. Bei den Titelkämpfen 1996 in Spanien trifft der gebürtige Lübecker 41-mal – nie sind weniger Treffer ausreichend, um ganz oben in dieser Rangliste zu landen. Die längste Zeit seiner Laufbahn verbringt »Knorre« beim THW Kiel (1992 bis 1998), in 83 Länderspielen netzt der linke Rückraumspieler 199-mal. Sein Sohn Juri Knorr schafft es übrigens ebenfalls zum Nationalspieler. Der EM-Torschützenkönig mit den meisten Treffern ist der Norweger Sander Sagosen, der 2020 in Norwegen, Österreich und Schweden sagenhafte 65 Tore erzielt. Einmal in der EM-Geschichte müssen sich gleich drei Spieler Platz eins teilen: 2010 in Österreich verbuchen Lars Christiansen (Dänemark), Ivano Balić (Kroatien) und Nikola Karabatić (Frankreich) jeweils 44 Treffer. Noch mehr unnützes Wissen gefällig? Kein Problem! Tschechien ist die einzige Nation, die gleich dreimal den besten Werfer des Wettbewerbs stellt – Jan Filip (1998), Filip Jícha (2010) und Ondřej Zdráhala (2018).

Der doppelte All-Star

Am Ende einer EM wird traditionell das All-Star-Team gewählt. Daniel Stephan ist der einzige deutsche Spieler, der gleich zweimal in die Mannschaft des Turniers berufen wird: 1998 in Italien, als der linke Rückraumspieler mit 41 Toren hinter dem Tschechen Jan Filip (48 Tore) zweitbester Werfer und obendrein als wertvollster Spieler (MVP) ausgezeichnet wird, und 2002 in Schweden als Spielmacher, als Stephan mit 33 Treffern bester deutscher Torschütze ist. Neun weitere DHB-Akteure schaffen es immerhin einmal ins All-Star-Team: Linksaußen Stefan Kretzschmar (1998), Torhüter Henning Fritz und der rechte Rückraumspieler Volker Zerbe (beide 2004), Rechtsaußen Florian Kehrmann (2008), Rechtsaußen Christian Sprenger (2012), Torhüter Andreas Wolff und Rechtsaußen Tobias Reichmann (beide 2016), Hendrik Pekeler als bester Abwehrspieler (2020) sowie Kreisläufer Johannes Golla (2022).

Tracht Prügel in Herning

Bei der Heim-EM 2014 stürmt Dänemark ins Endspiel gegen Frankreich. 14000 Zuschauer sind bereit für die Party des Jahres in Herning, was folgt, ist die Tracht Prügel des Jahres. Mit 32:41 gehen die Dänen gegen eine wie entfesselt spielende *Équipe Tricolore* unter. Nie werden in einem EM-Finale mehr Tore erzielt, nie ist Frankreich wahrscheinlich so stark. »Das war die beste französische Mannschaft, die ich je gesehen habe«, staunt Dänemarks Trainer Ulrik Wilbek. Michaël Guigou erzielt zehn Treffer, Valentin Porte neun. Immerhin bleibt den Gastgebern die höchste Finalniederlage der EM-Historie erspart. Die kassiert Russland 1994 in Portugal beim 21:34 gegen Schweden.

Noch keine EM ohne Deutschland

Die Frauen-EM geht seit 1994 alle zwei Jahre über die Bühne. Deutschland ist bei allen 15 Ausgaben dabei, holt mit Silber bei der Premiere im eigenen Land allerdings nur eine Medaille. 1994 setzt es im Finale in Berlin eine 23:27-Pleite gegen Dänemark. Dreimal landet die DHB-Auswahl auf Rang vier, das schlechteste Abschneiden ist der 13. Platz beim Turnier 2010 in Dänemark und Norwegen. Unter dem Strich absolviert die deutsche Mannschaft 95 EM-Spiele, aus denen 49 Siege, 5 Unentschieden und 41 Niederlagen resultieren. Mit Norwegen (neun Titel), Dänemark (drei), Frankreich, Ungarn und Montenegro (jeweils einen Titel) gibt es bislang fünf verschiedene Europameister. Unglaublich: Die Norwegerinnen sammeln insgesamt 13 Medaillen und gehen damit nur zweimal leer aus.

Die Entstehung der »Bad Boys«

2004 in Slowenien (30:25 im Finale gegen Slowenien) und 2016 in Polen (24:17 im Finale gegen Spanien) wird das DHB-Team Europameister. Mehr als diese beiden EM-Titel stehen bis heute nicht in der Vita der deutschen Nationalmannschaft. Der Triumph 2016 kommt völlig unerwartet, die Mannschaft von Trainer Dagur Sigurðsson schafft mit dem Spirit der »Bad Boys« die Sensation. Der Name geht auf das Team des NBA-Klubs Detroit Pistons zurück, das Ende der 1980er- und Anfang der 1990er-Jahre als harte Prügeltruppe für Furore sorgt. Sigurðsson zeigt im Vorfeld der EM seinen Jungs eine entsprechende Doku, die damalige Pistons-Vorgehensweise wird von der DHB-Auswahl einfach kopiert. Kreisläufer Hendrik Pekeler klärt auf: »Die waren damals so wie wir. Es waren keine Superstars dabei, sondern die haben den NBA-Titel nur geholt, weil sie Arschlöcher waren. Diesen Film haben wir zweimal angeschaut, das wollten wir auf uns übertragen. Wir wollten in der Abwehr so arschlochmäßig sein, dass die Gegenspieler keine Lust mehr haben, gegen uns zu spielen.« So einfach kann Handball sein.

Andreas Wolffs Karrierestart

Andreas Wolffs Talent steht eigentlich zu keiner Zeit seiner Karriere außer Frage, auch im Jugendbereich nicht. Er macht im Probetraining beim TV Großwallstadt nicht nur mit überragenden Paraden von sich reden, auch der sich in inbrünstigen Rufen äußernde Ehrgeiz des Jungspunds macht den Trainern klar, dass sie hier einen späteren Profi vor sich haben. Einziges Problem? Die 450 Euro Monatsgebühr für das vereinseigene Handballinternat der Unterfranken. Die ist für den im westfälischen Euskirchen auf dem Bau arbeitenden Papa Wolff ein wenig zu kostspielig, eine Aufnahme droht zu platzen. Ein Jugendtrainer hat die zündende Idee und quartiert Andreas kurzerhand bei einem Mitspieler ein. Wie die spätere Karriere des Ausnahmekeepers zeigt, kein schlechter Schachzug.

Ein Finale mit unglaublichen Statistiken

Im Finale 2016 stellt das DHB-Team einen neuen Rekord auf: Nie lässt eine Mannschaft in einem EM-Endspiel nur 17 Tore zu. Der zweitbeste Wert gehört Dänemark, das 2012 gegen Serbien 19 Gegentreffer kassiert (Endergebnis 21:19). Ebenso rekordverdächtig ist die Statistik von Andreas Wolff gegen die Spanier. Der Torhüter wehrt im Spiel seines Lebens 16 von 33 Würfen ab, was eine sagenhafte Quote von 48 Prozent bedeutet. Die sozialen Medien laufen anschließend heiß.

»Was hält Wolff von Spanien? Alles!« Auch schön, aber schmerzhaft: »Wolff haut sich morgens zwei Pfannen in die Eier.«

Heiratsantrag von Buschi

Wolffs Leistung im Finale reißt nicht nur die Fans von den Sitzen. »Es ist so weit: Andi Wolff, ich will dich heiraten«, twittert Sportkommentator Frank Buschmann. Wolff reagiert mit Humor auf die Offerte: »Ich weiß ehrlich gesagt nicht, ob es ein Grund zum Abheben ist, wenn Frank Buschmann dich heiraten will. Ich muss dich enttäuschen, Buschi. Ich habe kein Interesse. Sorry!«

Dirk Nowitzkis Handballkarriere

Sie nennen Dirk Nowitzki in Amerika »German Wunderkind«, schon lange bevor er auf den Brettern, die im Basketball die Welt bedeuten, zu einem deutschen Jahrhundertsportler heranreift. Der lange Blonde aus Würzburg wird bei den Dallas Mavericks in der NBA zu einem echten *All-Time Great*, er gewinnt mit den Texanern ihre erste Meisterschaft und wird 2011 sogar zum MVP der stärksten Basketballliga der Welt gekürt. Fast wäre daraus nichts geworden, denn Nowitzki bekommt eigentlich eine andere Sportart in die Wiege gelegt. Zwar schaffen es sowohl seine Mutter Helga als auch seine Schwester Silke zu Basketballnationalspielerinnen, Papa Jörg-Werner steht dagegen mehr auf das Torewerfen. Er spielt früher selbst in der 2. Handballbundesliga, schafft beinahe den Aufstieg in die oberste deutsche Spielklasse und trainiert nach der aktiven Karriere auch seinen eigenen Sprössling in der Jugendmannschaft. Mit 13 Jahren »verirrt« sich der hochgewachsene Dirk dann in das Basketball-Schulteam des Röntgen-Gymnasiums und fortan nimmt die Geschichte ihren Lauf. Eine mit Happy End für den Basketball, auch wenn sich viele Handballer immer wieder als große Dirk-Fans outen.

Vom Sofa auf den EM-Thron

14 nationale Meisterschaften, 9 nationale Pokalsiege, 4 Champions-League-Titel, Weltmeister 2013 und seit 2018 auch noch Europameister: Arpad Šterbik ist eine Torhüterikone. Besonders bei der EM 2018 in Kroatien sorgt der »serbische Bär«, der eigentlich ungarische Wurzeln hat und seit 2008 in Besitz der spanischen Staatsbürgerschaft ist, unverhofft für magische Momente. Unverhofft, weil der aus dem spanischen Nationalteam zurückgetretene Šterbik die Vor- und Hauptrunde vom heimischen Sofa aus verfolgt und erst zum Halbfinale nachnominiert wird, als sich Gonzalo Pérez de Vargas am Knie verletzt. Beim 27:23-Sieg gegen Frankreich in der Runde der letzten vier wird der Zwei-Meter-Koloss nur für die Sieben-

meter eingewechselt – und entschärft drei von vier. Im Endspiel liegt Spanien zur Pause mit 12:14 gegen Schweden zurück. Šterbik betritt die Platte, kassiert in den folgenden 20 Minuten nur zwei Gegentore, entnervt Schweden mit acht Paraden völlig und führt sein Team zum 29:23-Sieg. Die verdiente Auszeichnung als Spieler des Spiels nimmt der damals 38-Jährige fast peinlich berührt entgegen. »Vom Wohnzimmer auf den EM-Thron«, ruft der Hallensprecher in Zagreb. Die spanische Zeitung *AS* jubelt: »Seine Leistung kann mit drei Buchstaben zusammengefasst werden: MVP!« Dem ist nichts hinzuzufügen.

Die Geburtsstunde von »Euro-Kai«

Kai Häfner verfolgt die EM 2016 in Polen zunächst vom Sofa aus. Weil die Verletzungsmisere bei der deutschen Mannschaft nicht abreißt, wird der rechte Rückraumspieler vor dem letzten Hauptrundenspiel gegen Dänemark nachnominiert. Es ist der Beginn eines Märchens. Während Häfner gegen die Dänen mit drei Toren noch nicht über die Maßen heraussticht, wird der Schwabe in Halbfinale und Finale zu einem der großen Helden. Häfner erzielt in der Verlängerung gegen Norwegen fünf Sekunden vor dem Ende seinen fünften Treffer und damit das Siegtor zum 34:33. Beim 24:17 gegen Spanien avanciert der Nachrücker mit sieben Toren zum besten Werfer des Endspiels. »Ich kann das alles gar nicht fassen«, sagt Häfner, damals in Diensten der TSV Hannover-Burgdorf. Nach der Rückkehr aus Krakau wird »Euro-Kai« in seiner Heimatstadt Schwäbisch Gmünd ein großer Bahnhof bereitet. Fast 2000 Menschen, eine Guggenmusik-Kapelle und der glückselige Oberbürgermeister Richard Arnold werden Zeugen, wie er sich ins Goldene Buch der Stadt einträgt.

Wo ist Julius Kühn?

Ein wenig wundert sich Nationalspieler Julius Kühn auf der Toilette schon, dass es nebenan in der Kabine so ruhig geworden ist. Als er Augenblicke später vor der verschlossenen Tür des menschenleeren Umkleideraums steht, schwingt jene Verwunderung in Unbehagen um. In nur wenigen Minuten beginnt schließlich die zweite Halbzeit im Hauptrundenspiel der EM 2020 gegen Weißrussland. Seine Mannschaftskameraden haben den Notdurftverrichtenden einfach auf der Toilette vergessen und ihn anschließend ausversehen in der Kabine eingeschlossen. Zum Glück hört ein Mitglied des Sicherheitspersonals Kühns lautstarkes Klopfen und lässt den Halblinken kurz darauf wieder frei, sodass er es schlussendlich noch pünktlich zum Anpfiff auf das Feld schafft.

Sag mir, wer du bist

Bei der EM 2020 setzt sich die deutsche Auswahl in ihrem Auftaktspiel in Trondheim mit 34:23 gegen die Niederlande durch. Eine lustige Szene ereignet sich dabei während einer Auszeit, weil Bundestrainer Christian Prokop der Name Timo Kastening partout nicht einfallen will. Prokop zeigt zunächst ein Spielsystem auf und will gleich eine zweite Variante hinterherschieben, als er ins Stocken gerät. »Die zweite Möglichkeit ist, dass man ähm, ähm …«, sagt Prokop, den Blick auf Kastening gerichtet, und ergänzt: »Wie heißt du?« Kastening antwortet schmunzelnd: »Timo.« Während der Rechtsaußen den Fauxpas nach der Partie locker nimmt, setzt Prokop zu einer etwas steifen Erklärung an. Er habe das absichtlich gemacht, um die Spieler wachzurütteln. Wer's glaubt, wird selig.

Eine EM im Zeichen von Covid-19

Wie eigentlich das gesamte Leben auf der Welt steht auch die Handball-Europameisterschaft 2022 unter dem noch immer langen Schatten der Covid-19-Pandemie. Ganz besonders deutlich wird dies neben den zahlreichen Hygienemaßnahmen, unzähligen Ausfällen und Sonderbeschränkungen vor allem anhand des großen Finalhelden Niclas Ekberg, der das Endspiel für seine Schweden in letzter Sekunde per Siebenmeter zum 27:26 gegen Spanien entscheidet. Im ultimativen Moment des Turniers bleibt er ganz cool, obwohl er nervenaufreibende Wochen hinter sich hat. Aufgrund gleich zwei positiver Tests muss er mehrmals in Quarantäne und verpasst drei der vier Hauptrundenspiele seiner Mannschaft sowie das Halbfinale. Aber wenn es darauf ankommt, ist er voll da und sagt seinem Coach Glenn Solberg vor dem letzten Strafwurf ganz selbstsicher: »Jetzt schieße ich EM-Gold für uns nach Hause.« Und dagegen kann schließlich auch die Pandemie nichts machen.

WM

VON PIZZA-AFFÄREN UND SCHÖNEN HAAREN

Alles Europa, oder was?

In der WM-Historie finden bislang nur fünf Weltmeisterschaften nicht auf dem europäischen Kontinent statt: 1997 in Japan, 1999 und 2021 in Ägypten, 2005 in Tunesien und 2015 in Katar. Die WM 2023 findet in Schweden und Polen statt. Schweden ist damit zum fünften Mal Austragungsort und damit so häufig wie kein anderes Land. Deutschland kommt gemeinsam mit der DDR auf fünf WM-Austragungen.

Japan ist schlechtester Gastgeber

Der schlechteste Gastgeber der WM-Geschichte ist Japan – in sportlicher Hinsicht, versteht sich. 1997 belegen die Japaner vor heimischer Kulisse Platz 15, was das schwächste Ergebnis einer Austragungsnation überhaupt bedeutet. Dank zweier Siege gegen

Saudi-Arabien und Algerien übersteht der zweimalige Asienmeister zwar die Vorrunde, schrammt im Achtelfinale beim 21:22 aber haarscharf an einer Sensation gegen Frankreich vorbei. Rang zwei in diesem Negativranking geht an Island, das 1995 nicht über Platz 14 hinauskommt. Fünf Ländern gelingt vor den eigenen Fans der ganz große Wurf mit dem Titelgewinn: Frankreich (2001, 2017) und Deutschland (1938, 2007) gleich zweimal, dazu Schweden (1954), Spanien (2013) und Dänemark (2019).

Nowitzki oder Brand? »Blacky« in der Zwickmühle

319 Länderspiele auf dem Buckel, Welt- und Europameister, Silber bei Olympia 2004: Christian »Blacky« Schwarzer gehört zu den ganz Großen des deutschen Handballs. Obwohl seine Nationalmannschaftskarriere vor der WM 2007 eigentlich schon beendet ist, lässt sich der Kreisläufer von Bundestrainer Heiner Brand überreden, ihn in den vorläufigen Kader aufnehmen zu dürfen. Schwarzer kann zu diesem Zeitpunkt nicht ahnen, in welchen Zwiespalt er dadurch geraten wird. Kurz vor WM-Start im Januar ist der 53-Jährige jedenfalls auf dem Sprung nach Dallas, um seinem Kumpel Dirk Nowitzki einen Besuch abzustatten, der damals in der NBA bei den Mavericks spielt. Am Vorabend des Abflugs klingelt sein Handy, auf dem Display steht der Name Brand. »Ich gehe nicht ans Telefon, ich will

morgen früh nach Dallas«, sagt Schwarzer, der seinen Traum von der USA-Reise schon zerplatzen sieht, zu seiner Frau: »Sie erwiderte nur: ›Geh jetzt ran, so schlimm wird es schon nicht sein.‹« Brand berichtet Schwarzer von zwei verletzten Kreisläufern. Er könne zwar fliegen, solle sich aber bereithalten. Bis zum WM-Start entspannt sich die Lage, »Blacky« kehrt aus Dallas zurück und begleitet die ersten beiden Spiele des DHB-Teams als TV-Experte. Nach der zweiten Partie ist es so weit: Andrej Klimovets zieht sich einen Muskelfaserriss zu, Schwarzer wird nachnominiert. Das Ergebnis: Weltmeister! »Blacky« schreibt mit Deutschland das »Wintermärchen« im eigenen Land. Es hätte schlechter laufen können.

Die Pizza-Affäre

Am Abend vor dem ersten Hauptrundenspiel der Heim-WM 2007 gegen Slowenien analysiert Bundestrainer Heiner Brand im Hotel die kommenden Gegner der deutschen Auswahl. Ganz besonders ist er von den »isländischen Kampfschweinen« angetan. Mit diesem unbändigen Willen, dieser Hingabe und Disziplin möchte der heute 70-Jährige auch seine Mannschaft auftreten sehen. Mitten hinein in diesen Gedanken platzt ein Bote mit einer Ladung Pizzen, fatalerweise auf dem Weg zu seinen Spielern. Unter Disziplin und vernünftiger Ernährung von Leistungssportlern versteht der Bundestrainer etwas anderes, was er der

Truppe am nächsten Vormittag in der Mannschaftssitzung angefressen mitteilt. Brand will eine Reaktion sehen – und seine Mannen liefern: Slowenien wird fulminant mit 35:29 besiegt, am Ende wird Deutschland bekanntlich Weltmeister. Wer die italienischen Köstlichkeiten bestellt hat? Dominik Klein vom THW Kiel! »Es hieß dann: Der Jüngste bestellt die Pizza für die Mannschaft«, erinnert sich der damals 23-Jährige. Die gute Nachricht für Klein: Brand kann längst über die Anekdote lachen. »Als Trainer wusste ich damals sofort: Hier muss ich eingreifen. Grundsätzlich habe ich viele Sachen durchgehen lassen, aber diese Schnapsidee war dann selbst mir zu viel und zu wild. Letztlich hat das aber zu vielen Lachern geführt und uns noch einmal zusammengeschweißt«, so Brand.

Faszination Feldhandball

Als Hallenhandball, wie man ihn heute kennt, noch in den Kinderschuhen steckt, hat er vor allem in Deutschland einen ziemlich beliebten »großen« Bruder. Großfeldhandball wird seinerzeit auf einem Sportplatz der Größe eines Fußballfeldes gespielt. Auch die Tore sind so groß wie bei den Kickern, und in einer Mannschaft agieren zehn Feldspieler plus ein Torwart. Der Torraum, vergleichbar zum Kreis in der Halle, ist 13 Meter vom Gehäuse entfernt, die Freiwurflinie 19 Meter anstatt der unter dem Dach vorherrschenden 9 Meter, und ein Strafwurf auf dem Feld wird aus 14

Metern ausgeführt. Das Spiel punktet durch seine körperbetonte Natur und hat lange Zeit viele Freunde, vor allem in Mitteleuropa. »Es gibt für einen Sportler eigentlich nichts Schöneres, als an einem Sonntag bei diesen Witterungsbedingungen Handball zu spielen«, sagt Nationalspieler Siegfried Korsawe mit der Sonne im Gesicht, womit er allerdings nur die halbe Wahrheit thematisiert. Denn das Großfeld hat auch seine Schattenseiten, von inaktiven Abwehrspielern über ein oft schleppendes Spieltempo bis hin zur Abhängigkeit vom Wetter. Also alles Dinge, welche der Hallenhandball dem Feld voraushat. In Nordeuropa setzt sich die Halle schon früher aufgrund der klimatischen Verhältnisse gegenüber dem Sport an der frischen Luft durch, und auch Deutschland muss spätestens nachdem Hallenhandball 1972 olympisch wird, anerkennen, dass die dominierende Variante des Sports in Zukunft in der Halle gespielt werden wird.

Deutsche Dominanz auf dem Feld

Im Großfeldhandball dominieren deutsche Mannschaften lange Zeit das sportliche Geschehen, auch wenn das erste offizielle Länderspiel der Handballgeschichte am 13. September 1925 noch mit 3:6 gegen Österreich verloren geht. 1936 ist Feldhandball sogar ein einziges Mal auf Wunsch des nationalsozialistischen Führers Adolf Hitler olympisch, weiß er doch um die Dominanz seines deutschen Teams, das dann auch vor einer Rekordkulisse von 100 000 Menschen im Berliner Olympiastadion die Goldmedaille gewinnt. Nach dem Krieg gibt es noch sechs Weltmeisterschaften auf dem Großfeld, von denen drei an die Bundesrepublik gehen, eine an eine gesamtdeutsche Auswahl und eine an die DDR. 1948 gewinnen die Schweden, allerdings ist aufgrund des Krieges auch keine deutsche Mannschaft dabei. Die Gesamtbilanz liest sich von 1925 bis 1970 wie folgt: In 125 Länderspielen geht der DHB bei drei Unentschieden und nur fünf Niederlagen 117-mal als Sieger vom Platz. Das Torverhältnis über diesen Zeitraum liegt bei 2347:1155.

Der Lucky Luke des Handballs

Lars Kaufmann ist kein Revolverheld. Er reitet weder auf seinem Pferd Jolly Jumper dem Sonnenuntergang entgegen, noch singt er das Lied »I'm a poor lonesome cowboy and a long way from home«. Der gebürtige Görlitzer wird ganz einfach deshalb Lucky Luke genannt, weil er zu seiner Zeit als Leistungssportler mit seinem ansatzlosen, brachialen Wurf die Gegner das Fürchten lehrt. Dieser Waffe verdankt es der linke Rückraumspieler in erster Linie, dass er 2007 in den deutschen WM-Kader berufen wird und sich somit Weltmeister nennen darf. Während der Karriere unter anderem für Wetzlar, Lemgo, Flensburg und bis 2017 in Göppingen aktiv, ist Handball für Kaufmann mittlerweile nur noch eine Nebensache. Der begeisterte Angler lebt an der

Ostsee, hat ein BWL-Studium abgeschlossen und genießt die Zeit mit der Familie.

Bravo-Boy und Handball-Held

Wer im Jahr 2000 die berühmt-berüchtigte Teenie-Zeitung *Bravo* aufschlägt, dem lächeln zwei überaus glückliche Menschen namens Mirjam und Michael entgegen. Die beiden werden von den Lesern des Magazins zu Siegern der »Talents 2000«-Wettbewerbe gewählt und dürfen sich neben dem Titel »Bravo Girl & Bravo Boy des Jahres« zusätzlich über einen Modelvertrag des Europa-Parks Rust in Höhe von 20 000 D-Mark freuen. Das »Girl des Jahres« mit Nachnamen Weichselbraun bringt es später unter anderem als MTV-Moderatorin zu gewissem Ruhm, wovor sich »Bravo Boy« Michael aber keineswegs verstecken braucht. »Mimi« Kraus wird nämlich nach einer vielversprechenden Turnerkarriere – er gewinnt einst am Barren die Württembergische Meisterschaft – zu einem der größten Handballtalente des Landes. Nach einem kleinen Anstoß seiner Mama Brigitte und seiner Schwester Alena, die ebenfalls beim *Bravo*-Wettbewerb in den Top Ten landet, denkt der sportliche Kraus zwar kurzzeitig über eine Modelkarriere nach, verwirft diese aber schon bald. Sehr zur Freude von Handball-Deutschland, denn nach seinem Sprung in die Nationalmannschaft avanciert er bei der Weltmeisterschaft 2007 zum umjubelten Helden, als er nach Markus Baurs Verletzung eine prominente Rolle auf der Mitte übernimmt und Heiner Brands Team zum Titel im eigenen Land verhilft. Soweit man weiß, braucht es damals keinen Rat von Dr. Sommer für den Erfolg.

Prügelknabe Australien

15:55 gegen Island (2003), 11:51 gegen Spanien (2013), 10:47 gegen Frankreich (2007), 12:47 gegen Dänemark (2011), 12:47 gegen die Slowakei (2009): Fünf der sechs höchsten WM-Niederlagen aller Zeiten gehen auf das Konto der Feierabend-Handballer aus Australien. Höchste Zeit also, die WM-Bilanz der »Aussies« einmal genauer unter die Lupe zu nehmen. Wir stellen ernüchtert fest: Bei sieben Teilnahmen stehen einem einzigen Sieg (26:21 gegen Grönland im Jahr 2003) 42 Niederlagen gegenüber. Die Ergebnisse aus dem President's Cup, einer Art WM-Verliererrunde, sind bereits eingerechnet. Am nächsten kommt Australien einem zweiten Erfolgserlebnis 2009, als Kuwait beim 24:27 nur einen Tick besser ist.

51 Spiele, 51 Niederlagen

Noch abenteuerlicher fällt die Bilanz der australischen Frauenmannschaft aus. Bei 8 Teilnahmen setzt es 51 Niederlagen in 51 Spielen bei einem Torverhältnis von

680:1900. Das macht durchschnittlich 37,25 Gegentore pro Partie. Obwohl die Australierinnen alle ihre Spiele verlieren, landen sie bei den Weltmeisterschaften 1999 und 2003 sogar auf dem vorletzten Platz. Der Grund: Damals wird noch kein President's Cup ausgespielt, Maßstab für die Endplatzierung ist die Tabelle nach der Gruppenphase. Und dort weisen 1999 Argentinien und 2003 Uruguay ein noch schlechteres Torverhältnis als Australien auf. Die WM 2009 in China verläuft besonders bitter für das Team aus Ozeanien. In neun Spielen hagelt es 372 Gegentore, darunter allein 66 (!) gegen Schweden (21:66). Beim Turnier 2013 in Serbien kommt Australien gleich zweimal einem Sieg so nah wie nie zuvor. Die Begegnung im President's Cup gegen Paraguay geht dramatisch mit 21:23 nach Siebenmeterwerfen verloren, anschließend unterliegt Australien knapp mit 26:27 gegen die Dominikanische Republik.

Auch die Kleinen dürfen mitmachen

Welt- und Europameisterschaften liegen für sie spielerisch in der Regel in weiter Ferne, da denkt sich die IHF, man könnte doch einmal etwas tun, um den kleineren Nationen im Welthandball unter die Arme zu greifen. Somit entsteht die Idee der IHF Emerging Nations Championship, einem besonderen internationalen Wettbewerb für aufstrebende Handballländer, die aber noch den einen oder anderen Siebenmeter von der

Weltspitze entfernt sind. Erstmals findet das Turnier 2015 mit 16 Teams statt, darunter Andorra, Irland und Kamerun. Die Färöer-Inseln dürfen sich letztlich über den Titel im Kosovo freuen, den sie zwei Jahre später prompt in Bulgarien verteidigen. 2019 trägt sich Georgien im eigenen Land in die Siegerliste ein, 2021 fällt das Turnier aufgrund der Covid-19-Pandemie aus.

Staffan, du hast die Haare schön

Staffan Olsson ist sowohl für die schwedische Nationalmannschaft als auch für den THW Kiel über viele Jahre eine echte Institution auf Halbrechts. Ein Kultspieler, der in seiner Heimat mit dem König Whisky trinken darf und seine eigene Biermarke besitzt. Auf dem Platz fällt der begeisterte Skifahrer neben seinem variablen Spiel vor allem stets durch seine langen Haare auf. Handballfans verbinden ihn seit jeher mit seiner besonderen Haarpracht, die ihnen aber fast verwehrt geblieben wäre. Denn als Jugendnationalspieler bekommt Olsson einst einen Brief von seinem Coach, dass man Schweden mit einer solchen Frisur nicht vertreten könne. Olsson geht zum Friseur und darf mit zwei Zentimetern weniger schließlich doch noch spielen. In Kiel hat man da später schon mehr für Olssons Mähne übrig. Die Fans tragen zeitweise solidarisch Langhaarperücken, und als Abschiedsgeschenk bekommt »Der Alte« 2003 eine Fünf-Liter-Flasche Shampoo überreicht.

119 Siege für das DHB-Team

Zwischen 1938 und 2021 werden bei den Männern 27 Weltmeisterschaften im Hallenhandball ausgetragen – mal im Drei-, mal im Vier- und seit 1993 im Zwei-Jahres-Rhythmus. 1938 in Deutschland, 1978 in Dänemark und 2007 erneut in Deutschland setzt sich die deutsche Auswahl die Krone auf. 1954 in Schweden und 2003 in Portugal holt Deutschland Silber, 1958 in der DDR Bronze. Für die Weltmeisterschaften 1990 in der Tschechoslowakei und 1997 in Japan verpasst das DHB-Team die Qualifikation. Die schlechteste Platzierung bei einer Teilnahme ist der 12. Platz 2021 in Ägypten. Insgesamt bestreitet das DHB-Team 179 WM-Spiele. Die Ausbeute: 119 Siege, 15 Unentschieden und 45 Niederlagen.

Deutsches Feuerwerk bei der WM 1958

46:4 gewinnt Deutschland bei der Weltmeisterschaft 1958 in der DDR sein Vorrundenspiel gegen Luxemburg und feiert dank einer Differenz von 42 Toren den höchsten Sieg der WM-Historie. Damals stellen die deutschen Dachverbände aus BRD und DDR übrigens eine gemeinsame Mannschaft. Der zweithöchste Sieg geht an Island, das sich 2003 in Portugal 55:15 gegen Australien durchsetzt. Platz drei belegt Spanien nach einem 51:11-Erfolg gegen die Australier 2013 im eigenen Land. Der zweithöchste DHB-Sieg datiert aus dem

Januar 2001, als bei den Titelkämpfen in Frankreich ein 39:8 gegen Grönland gelingt.

Vier deutsche Angstgegner

Heißt der Gegner Spanien, schlottern Deutschland die Knie. Gegen die Iberer setzt es sechs WM-Pleiten und damit so viele wie gegen keine andere Nation. Insgesamt weisen die deutschen Handballer lediglich gegen vier Länder eine negative Bilanz auf. Neben Spanien (vier Siege, sechs Niederlagen) zählen dazu Kroatien (zwei Siege, ein Unentschieden, drei Niederlagen), die DDR (ein Sieg, ein Unentschieden, drei Niederlagen) und die Sowjetunion beziehungsweise Russland (drei Siege, drei Unentschieden, vier Niederlagen). Die meisten WM-Siege gelingen gegen Frankreich (zehn Siege, ein Unentschieden, vier Niederlagen). Als absolute Lieblingsgegner können Island und Brasilien angesehen werden, gegen die es in jeweils sechs Aufeinandertreffen sechs Erfolge zu feiern gibt.

Deutschlands Schreckgespenst Katar

Nichteuropäische Teams sind bei Weltmeisterschaften häufig gnadenlos unterlegen. Seit einigen Jahren gilt das nicht mehr für Katar, was Deutschland leidlich erfahren muss. Gleich zweimal verpasst die Truppe vom persischen Golf der DHB-Auswahl den WM-Knockout. 2015 in Katar im Viertelfinale, wo beim 24:26 neben einer fahrigen deutschen Leistung auch fragwürdige Schiedsrichterentscheidungen zur Pleite beitragen, weshalb sich Torhüter Silvio Heinevetter vom Frust geplagt zu folgender Aussage hinreißen lässt: »Wir konnten dieses Spiel nicht gewinnen. Jeder, der ein bisschen etwas von dieser Sportart versteht, weiß, was ich meine. Solange ich in diesem Land bin, muss ich aufpassen, was ich sage.« Zwei Jahre später ist in Frankreich schon wieder gegen Katar Endstation, diesmal ausschließlich eigenverschuldet im Achtelfinale (20:21). Katar ist damit das einzige nichteuropäische Land, gegen das Deutschland keine positive WM-Bilanz in den Büchern stehen hat. Insgesamt geht das DHB-Team in 48 Partien gegen Nichteuropäer nur dreimal als Verlierer von der Platte. Neben den beiden Niederlagen gegen die Kataris unterliegt Deutschland bei der WM 2013 in Spanien in der Gruppenphase mit 23:25 gegen Tunesien.

Der zerstörte Traum des Ivo Santos

Sensationell und erstmals überhaupt in einer Mannschaftssportart qualifiziert sich Kap Verde für die WM 2021 in Ägypten. Mit im Kader der Afrikaner: Ivo Santos. Für den Kreisläufer, der damals für die Zweite Mannschaft des Bergischen HC in der Oberliga spielt und nebenbei für eine Firma in Solingen im Verpackungsbereich arbeitet, steht die Erfüllung eines

Lebenstraums bevor. Doch kurz vor der Abreise breitet sich im Team der »blauen Haie« im Trainingslager in Portugal Corona aus. Auch Santos wird infiziert, der WM-Traum zerplatzt wie eine Seifenblase. »Das ist alles so hart für mich, es ist so traurig. Ich und meine Mitspieler, die hier festsitzen, sind am Boden zerstört«, sagt Santos. Kap Verde tritt zum ersten Spiel gegen Ungarn (27:34) trotzdem mit einer Rumpftruppe an. Die Partien gegen Deutschland und Uruguay müssen dagegen nach weiteren Coronafällen abgesagt werden. Insgesamt wird die WM zu einer Farce. Mit Tschechien und den USA müssen beispielsweise zwei Nationen infolge von Corona-Ausbrüchen von vornherein passen.

»El Gigante« sorgt für Furore

2021 in Ägypten nehmen erstmals 32 statt zuvor 24 Nationen teil. Dadurch sind auch Handball-Entwicklungsländer mit von der Partie, was zwangsläufig zu Kuriositäten führt. Kongos Kreisläufer Gauthier Mvumbi, besser bekannt als »El Gigante«, gehört dazu. Offiziell – und diese Zahl darf angezweifelt werden – wiegt der Koloss bei einer Körpergröße von 1,92 Metern 110 Kilogramm. Das Trikot spannt hauteng am Körper und muss nach jeder Aktion aufs Neue nach unten gezogen werden, um den mächtigen Bauch zu verdecken. Kurzum: Mvumbi wirkt wie ein Betreuer, der das Leben in vollen Zügen genießt, ist tatsächlich aber Leistungssportler. Die Fans lieben, die gegnerischen Abwehrreihen fürchten ihn. In fünf Partien erzielt er 20 Tore bei gerade einmal drei Fehlwürfen. Sogar NBA-Legende Shaquille O'Neal lädt bei Instagram ein Video des gebürtigen Franzosen hoch und schickt ihm eine Nachricht. »Ich erlebe gerade die schönste Zeit meines Lebens«, meint Mvumbi zum Hype um seine Person: »Ich verstehe noch nicht ganz, was gerade passiert, aber ich sage euch: Lebe deinen Traum und kämpfe für das, was du bist.«

Das Saarland bei Handballweltmeisterschaften

Von 1947 bis 1956 ist das Saarland Teil der französischen Besatzungszone und wird zu jener Zeit als eigenständiger Staat anerkannt, komplett mit eigener Hymne, Staatsangehörigkeit sowie eigener Flagge. Gleichzeitig hat das Saarland damals eigene Sportmannschaften, von denen zwei 1952 und 1955 sogar im Feldhandball an Weltmeisterschaften teilnehmen. Bei ihrer Premiere in der Schweiz scheiden sie bereits in der Vorrunde aus, drei Jahre später gelingt mit dem 6. Platz durchaus ein Achtungserfolg. Ein Jahr darauf allerdings wird das Saarland nach dem Saarabkommen zwischen Frankreich und Deutschland wieder an die Bundesrepublik angegliedert.

Luxemburg bei der WM

Zu den kuriosesten Teilnehmern überhaupt gehört zweifelsohne Luxemburg. 1958 qualifiziert sich das kleine Land zum bis heute einzigen Mal für eine WM. In der Berliner Werner-Seelenbinder-Halle setzt es allerdings drei heftige Klatschen – 4:46 gegen Deutschland, 8:41 gegen Norwegen und ebenfalls 8:41 gegen Frankreich. Gegen die Franzosen liegt Luxemburg zur Halbzeit 0:19 zurück, das Torverhältnis von 20:128 ist fast schon sagenhaft schlecht. Insgesamt gibt es 13 Nationen, die lediglich einmal das WM-Ticket lösen: Finnland (1958), Niederlande (1961), Italien, Litauen (beide 1997), Nigeria (1999), Griechenland (2005), Montenegro (2013), Bosnien und Herzegowina, Iran (beide 2015), Kap Verde, Demokratische Republik Kongo, Uruguay (alle 2021) und eben Luxemburg. Bei der Weltmeisterschaft 2023 in Polen und Schweden kommt mit Belgien ein weiterer Debütant hinzu. Rekordteilnehmer sind übrigens Schweden und Deutschland, die beide bei 25 von 27 Titelkämpfen mit von der Partie sind.

Ein eingekauftes Nationalteam

2015 verpasst Deutschland die sportliche Qualifikation für die Weltmeisterschaft in Katar, darf dank einer dubiosen Wildcard aber dennoch mitmischen. Der ebenso dubiose Weltverband IHF macht es möglich;

das sportlich qualifizierte Australien wird unter noch dubioseren Vorwänden quasi ausgeladen. Im ersten Turnier unter Trainer Dagur Sigurðsson erreicht Deutschland das Viertelfinale, scheitert dort schließlich mit 24:26 an Katar. Der Clou dabei: Kein einziges Tor der Gastgeber wird von einem gebürtigen Katari erzielt. Stattdessen treffen Kubaner, Montenegriner, Bosnier, Tunesier, Ägypter, Spanier und Franzosen. Der Wüstenstaat bedient sich einer IHF-Regel, wonach Spieler, die drei Jahre lang nicht für die Nationalmannschaft ihres Heimatverbandes gespielt haben, den Verband wechseln dürfen. Ganz regelkonform bürgert Katar also mehr oder weniger eine komplette Nationalmannschaft ein – und lockt die Spieler dabei mit viel Geld. Erst im Finale endet Katars Erfolgsgeschichte mit einer 22:25-Niederlage gegen Frankreich.

Die eingekauften Fans

Da sich der durchschnittliche Katari weit mehr für Falkenjagd oder Kamelreiten als für Handball interessiert, sind die Hallen bei der WM 2015 in aller Regel spärlich besucht. Natürlich haben die erfinderischen Kataris aber auch dafür eine Lösung: Kurzerhand werden 60 spanische Schlachtenbummler eingeflogen. Für Flug, Hotel und Eintrittskarten streifen sich die Anhänger von Ciudad Encantada aus Kastilien-La Mancha Katartrikots über und feuern die Gastgeber mit Tuba, Pauken und Trompeten an. Schwedens Kapitän Tobias Karlsson bringt es auf den Punkt: »Das ist ja krank!«

Gensheimer sorgt für Gänsehaut

Manchmal sind Sportler in den unmöglichsten Situationen zu Höchstleistungen imstande. Uwe Gensheimer, langjähriger Kapitän der deutschen Nationalmannschaft, gehört zum Auftakt der WM 2017 dazu. Nur fünf Tage nach dem unerwarteten Tod seines Vaters Dieter steht der Linksaußen im französischen Rouen für das DHB-Team gegen Ungarn auf der Platte. Beim 27:23-Sieg brilliert der Mannheimer mit 13 Toren bei 15 Versuchen und wird als Spieler des Spiels ausgezeichnet. »Das war großartig«, meint Bundestrainer Dagur Sigurðsson in der Mixed Zone und hält mit Mühe und Not die eine oder andere Träne zurück. Rückraumspieler Julius Kühn ergänzt: »Ich habe einfach einen unglaublichen Respekt für das, was er heute geleistet hat. Ich habe sogar auf dem Spielfeld eine Gänsehaut verspürt.« Der weitere Turnierverlauf ist schnell erzählt: Deutschland rauscht mit fünf Siegen durch die Gruppenphase, um im Achtelfinale in Paris mit 20:21 an Katar zu scheitern.

»Tschausen ihr Banausen«

Wer knapp dran ist, dann aber doch nicht im Aufgebot für eine WM landet, kann schon mal enttäuscht sein. Das gilt besonders für eine Heim-WM. Was sich Tobias Reichmann allerdings kurz vor der WM 2019 in Deutschland und Dänemark leistet, ist fragwürdig. Der Rechtsaußen wird von Bundestrainer Christian Prokop aus dem Kader gestrichen und soll sich als Ersatzmann für eine etwaige Nachnominierung bereithalten. Stattdessen verschwindet der damalige Melsunger ohne Absprache in den USA-Urlaub. »Ich bin dann mal weg. Wieso, weiß ich gar nicht genau ... Ahhh, doch ... Spontanurlaub«, schreibt Reichmann bei Instagram zu einem Bild von sich am Flughafen und ergänzt: »Tschausen ihr Banausen.« Beim DHB herrscht – vorsichtig formuliert – Irritation. Zumal Reichmann aus dem nächtlichen Florida noch einmal nachlegt: »Berlin äähhh Orlando by night.« Er wisse zwar nicht, wie Prokop auf solche Dinge reagiert, kommentiert Christian Schwarzer die Vorkommnisse: »So richtig toll wird er es aber nicht finden. Das ist, um es mal deutlich zu sagen, ganz beschissen gelaufen.«

Der Handball vereint selbst Korea

Die Demarkationslinie zwischen den Staaten Nord- und Südkorea ist eine entmilitarisierte Zone vom Gelben bis zum Japanischen Meer und gilt weithin als die gefährlichste wie undurchlässigste Grenze dieses Planeten. Sie steht als Symbol für die erbitterte Trennung Koreas nach dem dort herrschenden Krieg Anfang der 1950er-Jahre. Angesichts dessen setzt der Handball 2019 ein Zeichen für Verständigung. Vom Weltverbandspräsident Hassan Moustafa initiiert, darf Südkorea bei der Weltmeisterschaft in Deutschland mit vier extra Spielern aus Nordkorea antreten. Das gesamtkoreanische Team setzt dabei nicht bloß ein Zeichen für den Frieden, sondern es gelingt ihm in der Platzierungsrunde auch noch ein umjubelter 27:25-Sieg gegen die Mannschaft aus Japan.

Die vier deutschen WM-Torschützenkönige

Vier deutsche Spieler krönen sich zum WM-Torschützenkönig. 1938 in Deutschland teilt sich Hans Theilig mit dem Schweden Yngve Lamberg mit ganzen sechs Toren Platz eins. 1967 in Schweden erzielen das deutsche Duo Herbert Lübking und Hans-Günther Schmidt wie der Jugoslawe Josip Milković jeweils 38 Treffer. Einziger alleiniger deutscher Torschützenkönig ist Otto Maychrzak, der 1954 in Schweden den Ball 16-mal ins Netz wirft. Derweil hält Nordmazedoniens Volksheld Kiril Lazarov wohl einen Rekord für die Ewigkeit. 2009 in Kroatien gelingen Lazarov 92 Treffer in 9 Auftritten und damit so viele wie keinem anderen Spieler bei einer Weltmeisterschaft. Der aus der Bundesliga bestens bekannte Südkoreaner Kyung-

Shin Yoon hält ebenfalls eine Bestmarke. Der langjährige Gummersbacher ist der einzige Spieler, der sogar dreimal bester WM-Werfer wird: 1995 in Island mit 86 Toren, 1997 in Japan mit 62 Toren und 1993 in Schweden, als er wie Marc Baumgartner aus der Schweiz und József Éles aus Ungarn 41-mal trifft.

Was Henning Fritz allen Deutschen voraus hat

Henning Fritz ist eine absolute Legende. Das wissen alle Handballfans – und hier kommt ein weiterer Beleg. Der Torhüter ist der einzige DHB-Spieler, der es zweimal ins All-Star-Team einer WM schafft (2003 und 2007). Wem diese Ehre sonst noch zuteilwird? 1995 Torhüter Andreas Thiel, 2003 Kreisläufer Christian Schwarzer, 2007 Spielmacher Mimi Kraus und zuletzt 2019 dem Rückraumspieler Fabian Wiede. Einziger deutscher WM-MVP ist Schwarzer 2003. Rekord-MVP ist der Däne Mikkel Hansen mit drei Auszeichnungen (2013, 2019, 2021).

»Der Schlauch« aus Göteborg

Per Carlén schlendert bei der Weltmeisterschaft 1986 in der Schweiz mit seinen schwedischen Teamkameraden eines Abends durch das Mannschaftshotel. Da fällt ihm etwas ins Auge, das ihn stark an einen seiner Mitspieler erinnert. Prompt hat Magnus Wislander den Spitznamen »Slangen« weg, zu Deutsch »Der Schlauch«. Sein lachender Kumpel Carlén meint nämlich, dass Wislander genauso aussehen würde wie der zusammengerollte Feuerwehrschlauch an der Wand, wenn er sich zwischen zwei Gegenspielern durch eine eigentlich viel zu kleine Lücke zwingt.

Der Albtraum von Leipzig

Heim-WM 2017. Die DHB-Frauen träumen von einem Wintermärchen, als Ziel wird der Einzug ins Halbfinale ausgegeben. Es herrscht trotz einiger Verletzungssorgen (unter anderem fällt Emily Bölk aus) im Vorfeld große Euphorie, zum Auftaktspiel in Leipzig gegen Kamerun strömen 6000 Fans in die Halle. Und dann das, der absolute Albtraum: Spielmacherin und Schlüsselspielerin Kim Naidzinavicius zieht sich nach 140 Sekunden einen Kreuzbandriss zu. »Wir hatten eine klare Strategie«, klagt Bundestrainer Michael Biegler: »Die ist nun über den Haufen geworfen.« Deutschland zieht nach Siegen gegen Kamerun, Südkorea und China, einem Unentschieden gegen Serbien sowie einer Niederlage gegen die Niederlande als Gruppendritter ins Achtelfinale ein. Dort setzt es eine 17:21-Pleite gegen Dänemark, Torhüterin Sandra Toft lässt die deutsche Auswahl mit unglaublichen Paraden verzweifeln. Deutschland bleibt nur Rang zwölf im Abschlussklassement.

Vier WM-Medaillen für die DHB-Frauen

1957 steigt in Jugoslawien die erste Frauen-WM, die seit 1993 konstant im Zwei-Jahres-Rhythmus ausgetragen wird. Bei bislang 25 Ausgaben verpasst Deutschland nur zweimal die Qualifikation (1975 und 2001) und gewinnt vier Medaillen: Gold 1993 in Norwegen und dreimal Bronze (1965 und 1997 im eigenen Land sowie 2007 in Frankreich). Mit drei WM-Titeln (1971, 1975, 1978) und einer Bronzemedaille (1990) ist die DDR nach wie vor erfolgreicher. Insgesamt bestreitet das DHB-Team 155 WM-Spiele. Die Bilanz: 91 Siege, 8 Unentschieden und 56 Niederlagen. Das schlechteste Abschneiden ist der 17. Platz bei der WM 2011 in Brasilien. Russland (inklusive Sowjetunion) ist mit sieben Goldmedaillen Rekordweltmeister. Unter dem Strich holen die Russinnen elf WM-Medaillen und liegen damit gleichauf mit Norwegen (viermal Gold, viermal Silber, dreimal Bronze) an der Spitze.

Das »Wunder von Oslo«

Bianca Urbanke sieht, wie die Sperre ihr einen freien Weg in die Mitte bereitet. Ein letztes Mal prellt sie den Ball, da kommt der unerwartete Körperkontakt der dänischen Abwehr. Ein weiterer Schritt, dann drückt die Linkshänderin ab. Es kommt nicht viel raus aus dem Arm, aber der zielgerichtete Aufsetzer überrascht die Torhüterin und findet links unten den Weg ins Netz.

22:21 für Deutschland in der Verlängerung, der Weltmeistertitel 1993 scheint im norwegischen Oslo für das erste gesamtdeutsche Team, das jemals bei einer großen Frauenmeisterschaft antritt, zum Greifen nah. Dann aber setzt die berühmte dänische Halblinke Anja Andersen Sekunden vor dem Ende zum Schlagwurf an, bange Blicke verfolgen den Flug der Kugel. Torhüterin Silke »The Wall« Adamik taucht ab, entschärft den halbhohen Ball und sichert ihn anschließend mit einem Sprint, bevor er den Sechsmeterkreis verlässt. Die letzten Sekunden ticken dahin, und dann gibt es kein Halten mehr. Lothar Doerings Damen schaffen die Sensation. Das Finale macht das lange von Abstimmungsproblemen geplagte Team überhaupt erst mit einem fulminanten 25:10 gegen die favorisierten Österreicherinnen möglich, mit dem anschließenden Märchen gegen die Übermannschaft aus Dänemark schreiben sie dann ihre ganz eigene Erfolgsgeschichte.

Die Dominanz der Schweden in den 1990er-Jahren

Weihnachten, Ostern, die vier Jahreszeiten – vieles kommt jedes Jahr wieder. In den 1990er- und frühen 2000er-Jahren gibt es noch ein weiteres Ereignis, welches sich in schöner Regelmäßigkeit wiederholt. Es gibt in diesem Zeitraum fast kein Jahr, in dem die schwedische Handballnationalmannschaft der Männer keine Medaille mit in den hohen Norden bringt.

Angefangen mit dem Weltmeistertitel 1990 starten die Schützlinge vom legendären Bengt Johansson eine beispiellose Erfolgsserie, die sie zu einer der vielleicht beeindruckendsten Dynastien der Sportgeschichte machen. Von 1990 bis 2002 gewinnen Magnus Wislander, Staffan Olsson und Co. nur in einem Jahr keine Medaille bei einem großen Turnier. Der Grund? 1991 finden weder eine Europa- oder Weltmeisterschaft noch die Olympischen Spiele statt. Andernfalls hätten die Schweden da getreu dem Zeitgeist wahrscheinlich auch irgendetwas abgesahnt.

Die bärenstarke DDR

Die Mannschaft der Deutschen Demokratischen Republik (DDR) gehört bis zu ihrem Ende am 3. Oktober 1990 zu den erfolgreichsten Handballmannschaften der Erde. Bei zehn WM-Teilnahmen räumen die Ostdeutschen fünf Medaillen ab. Unter dem 2002 verstorbenen Trainer Heinz Seiler, der das Nationalteam 23 Jahre lang betreut, holt die DDR bei den Weltmeisterschaften 1970 in Frankreich und 1974 im eigenen Land jeweils Silber. In beiden Fällen setzt es dramatische Finalniederlagen gegen Rumänien (12:13 und 12:14). 1958 (als gesamtdeutsche Mannschaft), 1978 und 1986 springt Bronze heraus.

Die Bierdosen-Taktikstunde

In der kalten Kopenhagener Nacht des 4. Februar 1978 klopft es an der Hotelzimmertür von Kurt Klühspies und Heiner Brand. Verwundert öffnen die beiden Nationalspieler die Tür, schließlich stehen sie nur gut einen halben Tag vor dem Finale der Weltmeisterschaft gegen die übermächtige Sowjetunion und damit dem wohl bis dato wichtigsten Spiel ihres Lebens. Ihnen lächelt Wolfgang Böhme entgegen, Kapitän der DDR-Auswahl, unter dem Arm hat er eine Rutsche Bierdosen und trägt das feuchtfröhliche Grinsen im Gesicht, welches ihm die Party anlässlich der Bronzemedaille seines eigenen Teams beschert hat. Gesellig wie Sportler sind, bitten die Jungs aus der Bundesrepublik Böhme zu sich hinein, kennen und schätzen die eigentlichen »Klassenfeinde« ihn doch aus vielen gemeinsamen Handballtagen. Außerdem haben Klühspies und Brand sich vorher ebenfalls ein paar Hopfengetränke besorgt, verklickern sie ihrem Trainer Vlado Stenzel doch, dass man dann besser schlafen könne. Dem Bier rücken die Athleten also zu Leibe, und anschließend benutzt Böhme die leeren Dosen dazu, den deutschen Nationalspielern die Taktik der ihm bestens bekannten sowjetischen Mannschaft aufzudröseln. Er soll zwar eigentlich dem großen Bruder aus dem Osten politisch näher sein, das Herz des Rostockers gewinnen die Sowjets aber wie auch die von vielen seiner Kameraden nie. Auch wenn das Intermezzo nur von kurzer Dauer ist, so scheinen die sensiblen Informationen Früchte zu tragen. Schließlich gewinnen Klühspies, Brand und die Bundesrepublik einen Tag später die WM.

Die 193 Sekunden des »Jimmy« Waltke

Er kann rennen wie der Wind und trägt die Haare wie Rockstar Jimi Hendrix, dem er auf Fehmarn bei einem Festival einst zugejubelt hat und der ihm seinen Spitznamen beschert. Dieter Waltke, genannt »Jimmy«, springt an einem Winterabend in Kopenhagen mit allem, was er hat, gen Mitte und versenkt den Ball wie aus einer »Machine Gun« in der langen Ecke. Im nächsten Angriff setzt sich der »Little Wing« aus Hille ab und vollendet nach Doppelpass mit Heiner Brand zielsicher vom Kreis. Dann steigt er von seinen Torerfolgen beflügelt »All Along The Watchtower« in Russlands Abwehrmitte sogar im Rückraum hoch, trifft zum dritten Mal in Folge und ermöglicht seiner Mannschaft damit den entscheidenden 16:12-Vorteil im Weltmeisterschaftsfinale 1978 gegen die favorisierte Sowjetunion. Sein Tagwerk und sein Turnier sind damit beendet, nach nur 193 Sekunden beordert ihn Coach Vlado Stenzel wieder auf die Bank. Es ist der einzige Einsatz des Flügelflitzers, der zuvor sogar daran denkt, frustriert abzureisen. Er tut es zum Glück nicht und setzt sich damit in nur kurzer Zeit ein Denkmal für die Ewigkeit. Ein klein bisschen wie der andere »Jimi«.

Ein »Magier« macht keinen Waldlauf

Nach dem Coup in Dänemark tritt Deutschland 1982 als Titelverteidiger zur Heim-WM an. Anstatt eines Wintermärchens erlebt das DHB-Team einen Albtraum, an dessen Ende ein enttäuschender 7. Platz und das Aus von Bundestrainer Vlado Stenzel stehen. In der Vorrunde setzt es eine 16:24-Klatsche gegen die Sowjetunion, in der Hauptrunde eine 16:19-Pleite gegen die DDR. Das Finale ist damit nicht mehr erreichbar, Bronze schon. Ein Sieg gegen Underdog Schweiz, an dem absolut niemand zweifelt, ist die Voraussetzung. Doch dann bricht die Handballkatastrophe über Deutschland herein – nur 16:16, alle Medaillenträume sind zerplatzt, eine Blamage! Die Hauptschuld trägt Stenzel, der »Magier« verliert in den Jahren nach der Sensation von 1978 die Bodenhaftung. Er zerstreitet sich mit Funktionären und Spielern, und das zieht zahlreiche Rücktritte nach sich. Bei der Heim-WM stehen nur noch drei Helden von 1978 im Kader. Ein weiterer verhängnisvoller Fehler: Stenzel verhält sich am Abend vor der Schweizblamage bei einem Treffen in der Dortmunder Westfalenhalle gegenüber dem Trainer der Eidgenossen, Sead Hasanefendić, despektierlich. »Vlado hat mich nicht mal gegrüßt«, erinnert sich Hasanefendić in Erik Eggers' Buch *Mythos '78*. Er habe sich in seiner Ehre verletzt gefühlt: »Da habe ich mir geschworen, alles zu tun, damit Vlado nicht gewinnt.« Mit Erfolg! Der DHB-Coach räumt Jahre später seine damalige Überheblichkeit im typischen Stenzel-Duktus ein: »Wenn man durch alle Hallen getragen wird, als der größte Trainer Deutschlands, dann kann man keinen Waldlauf machen.«

Ein widerlicher Drohbrief

Eineinhalb Monate nach der WM 2021 in Ägypten bekommt Bundestrainer Alfreð Gíslason einen widerlichen rassistischen Drohbrief zugestellt – bezeichnenderweise in katastrophalem Deutsch verfasst. Man wolle einen deutschen Trainer für das DHB-Team und werde Gíslason auf seinem Grundstück aufsuchen, sollte er nicht zurücktreten, steht darin. »Das ist eine große Enttäuschung für mich. So etwas habe ich in 30 Jahren, die ich inzwischen in Deutschland lebe, noch nie erlebt«, sagt der Isländer: »Angst kann mir das aber nicht einjagen. Ich habe mich immer gut gefühlt in Deutschland, daran wird sich nichts ändern.« Gíslason schlägt eine Welle der Solidarität entgegen. DHB, HBL-Klubs, Fans und ehemalige Spieler stellen sich demonstrativ hinter den Bundestrainer. Stellvertretend sei an dieser Stelle eine schöne Geste von Stefan Kretzschmar erwähnt. Der frühere Linksaußen postet bei Facebook ein gemeinsames Bild, auf dem er Gíslason küsst. Dazu schreibt Kretzsche: »Mein Bundestrainer. Gegen Hass und Rassismus.« Gefällt uns!

Die atemberaubende Dominanz der Franzosen

Man kann es sich heute kaum noch vorstellen. Tatsächlich ist Frankreich aber bis 1992 eine eher zweitklassige Mannschaft, die bei großen Turnieren keine große Rolle spielt. 1992 gelingt mit Bronze bei Olympia in Barcelona das erste Ausrufezeichen. Was danach vor allem bei Weltmeisterschaften folgt, ist schlichtweg atemberaubend. Bei den 14 Titelkämpfen zwischen 1993 und 2019 holt die *Équipe Tricolore* lediglich dreimal keine Medaille. Sechs WM-Titel, darunter vier bei fünf aufeinanderfolgenden Turnieren zwischen 2009 und 2017, eine silberne Medaille und viermal Bronze ist die Ausbeute. Damit ist Frankreich Rekordweltmeister vor Schweden und Rumänien mit je vier Triumphen. Die meisten Medaillen hat dennoch Schweden in der Vitrine. Die Skandinavier räumen viermal Gold, viermal Silber und viermal Bronze ab. Das macht zwölf Medaillen und damit eine mehr als Frankreich.

»Doping-Tipp« von Wladimir Maximov

Dass Wladimir Salmanowitsch Maximow das ein oder andere über den lieben Handball weiß, dürfte hinlänglich bekannt sein. Schließlich ist der 1945 geborene Sportenthusiast zunächst in der Sowjetunion und dann später in Russland eines der prägenden Gesichter des

Spiels, über die Jahre sammelt er Titel wie andere Menschen ihrer Zeit Briefmarken. Als Spieler glänzt Maximow als Kapitän der *Sbornaja*, wird unter anderem Torschützenkönig bei der Weltmeisterschaft 1970 und 1976 Olympiasieger in Montreal. Diese Erfolge toppt er noch in seiner Zeit als Trainer, wo er sowohl Europa- als auch Weltmeister wird und zudem noch zweimal olympisches Gold holt. Irgendwann werden seine geliebten blauen »Glücks-Jeans«, die er mal schmunzelnd als sein Erfolgsrezept tituliert, sicherlich den Weg in ein Moskauer Sportmuseum finden. Vielleicht berichtet die Ausstellung dann ja auch von ein paar ganz besonderen strategischen Feinheiten, auf die Maximow schon Jahrzehnte schwört. In der Vorbereitung für die Weltmeisterschaft 2007 in Deutschland verrät er unter anderem einmal der *Süddeutschen Zeitung* einen davon, als er die Chancen seines Teams gerade auf deutschem Boden gut einschätzt. »In Deutschland gibt es das beste Doping für Handballer: Bier und Schweinefleisch«, so der Trainerfuchs. Nutzen tut es den Russen aber damals nichts, sie scheiden im Viertelfinale knapp gegen Polen aus. Aber geschmeckt hat es sicherlich trotzdem.

Von Eisbären beherrscht

Timersoqatigiit Assammik Arsaattartut Kattuffiat! Glückwunsch an alle, die in der Lage sind, diese vier Wörter unfallfrei zu lesen, geschweige denn auszusprechen. Die Abkürzung TAAK geht etwas leichter über die Lippen, beides steht für den grönländischen Handballverband. Die größte Insel der Erde mit ihren spärlichen rund 56 500 Einwohnern ist seit 1998 Mitglied des Weltverbandes IHF und hat tatsächlich bereits drei WM-Teilnahmen vorzuweisen. »Keiner wollte mit uns spielen«, erinnert sich Kurt Lauritsen, der Chef der grönländischen Delegation bei der WM 2003, an die komplizierten Anfangszeiten: »Die dachten, dass bei uns die Leute nicht aus ihren Iglus herauskommen, weil unsere Straßen von Eisbären beherrscht werden.« Doch die Begeisterung ist seit Jahren riesig, angeblich spielen knapp fünf Prozent der Einwohner und damit ungefähr 2800 Menschen im »Fenster zur Arktis« Handball. Bei den mit jeweils 24 Teams durchgeführten Weltmeisterschaften 2001 in Frankreich (Platz 20), 2003 in Portugal (Platz 24) und 2007 in Deutschland (Platz 22) setzt es zwar summa summarum 14 Niederlagen, es gelingen aber auch zwei Siege: 2003 in der Vorrunde gegen die USA (26:18), 2007 im President's Cup – einer Art Trost- oder Platzierungsrunde – gegen Australien (34:25). Die WM 2023 verpasst Grönland nur knapp. Im alles entscheidenden Spiel um das Ticket für Schweden und Polen verliert das *Kalaallit Nunaat* (Land der Menschen) in der Meisterschaft der Handballkonföderation Nordamerikas und der Karibik mit 26:33 gegen die USA.

Das 25-Prozent-Chaos

Bei der EHF-Europameisterschaft 2022 ist die 25-Prozent-Regel relativ einfach zu verstehen. Sie besagt, dass zumindest beim Gastgeber aus der Slowakei, der das Turnier zusammen mit Ungarn ausrichtet, die Hallen aufgrund der immer noch andauernden Covid-19-Pandemie lediglich zu 25 Prozent mit Zuschauern gefüllt sein dürfen. Es gibt allerdings in der Geschichte des Handballs noch ein anderes Regelwerk, das sich zwar um die gleiche Prozentzahl dreht, dafür aber alles andere als unkompliziert ist. Die Regel sorgt bei der Weltmeisterschaft 1986 in der Schweiz nicht wie ursprünglich gedacht für mehr Gerechtigkeit, sondern verbreitet in der Hauptrunde eher flächendeckendes Chaos. Das Statut lässt bei Punktgleichheit einer oder mehrerer Mannschaften ihr Torverhältnis gegen Teams, die nicht mindestens 25 Prozent der vorher festgelegten Minimalpunktzahl von zehn Punkten erreichen, nicht mit in das gesamte Torverhältnis der jeweiligen Teams einfließen. So landet zum Beispiel die Bundesrepublik Deutschland vor der Sowjetunion, obwohl diese ein besseres Gesamttorverhältnis besitzt und sogar den direkten Vergleich mit den Deutschen für sich entscheiden kann. Ihr hoher Sieg gegen die Schweiz geht aber nicht in die Wertung ein und wirft alles durcheinander. Kompliziert? Es geht besser. Erreichen zwei Nationen nicht die geforderten 2,5 Punkte, zählt auf einmal der direkte Vergleich zwischen ihnen, was unter anderem Südkorea eine Platzierung kostet und einen heftigen Streit zwischen den asiatischen Handballern sowie der IHF entfacht. Seltsamerweise setzt sich die berühmt-berüchtigte Regel nicht durch, auch wenn sie im heutigen Internetzeitalter sicherlich für eine ähnlich lebendige Diskussion gesorgt hätte, wie sie es damals tat.

Ein schlechter Witz

Es gibt Witze, die gehen kolossal nach hinten los. Das muss Ende Juli 2022 auch Pontus Ward Wiklund feststellen. Auf dem Weg zur U18-WM der Juniorinnen in Nordmazedonien wird am Flughafen Kopenhagen-Kastrup wie üblich das Gepäck von Schwedens Nationaltrainer gecheckt. Auf die Frage, was sich in seiner Tasche befindet, will Wiklund einen Gag machen und antwortet doch tatsächlich: »Eine Bombe!« Die Aufregung ist groß, die Polizei nimmt den Coach vorübergehend in Gewahrsam, das Terminal wird evakuiert. »Wir müssen es ernst nehmen, wenn jemand sagt, er habe eine Bombe am Flughafen dabei. Es ist eine sehr schlechte Idee, darüber Witze zu machen«, teilt später eine Polizeisprecherin der schwedischen Zeitung *Aftonbladet* mit. »Ich habe kurzzeitig mein Urteilsvermögen verloren und einen Witz über etwas gemacht, über das man wirklich keine Witze machen sollte. Ich möchte mich bei meiner Mannschaft, dem Verband, den Mitarbeitern des Flughafens und allen anderen Betroffenen entschuldigen«, sagt Wiklund.

Der schwedische Verband greift trotzdem durch und suspendiert den Trainer.

Das erste »harzfreie« Turnier

Bei einer U18-Weltmeisterschaft der Frauen herrscht ohne Zweifel schon ein internationales Topniveau, medial halten sich die Wellen dieser Veranstaltung aber zumindest global meist in Grenzen. 2022 ist das aber anders, und es rollen direkt ordentliche Brecher auf den ruhigen Strand der Sportart zu. Das Turnier in Nordmazedonien ist nämlich die erste vom Weltverband IHF organisierte Veranstaltung, bei der ein harzfreier Ball eingesetzt wird und die für viele essenzielle »Patte« komplett verboten ist. Der d60-PRO-Ball aus dem Hause der japanischen Firma Molten soll Harzspuren auf dem Parkett und an den Schuhen vermeiden, sorgt allerdings bei vielen Traditionalisten für Verstimmung. So twittert der spanische Ex-Internationale Antonio García kurze Zeit später fatalistisch: »Der Niedergang des Handballs beginnt.« Man wird es sehen.

Brasiliens unglaubliche Serie

2013 in Serbien erringt die brasilianische Frauennationalmannschaft den WM-Titel und schafft damit einen historischen Coup. Erst zum zweiten

Mal nach Südkorea (1995) krönt sich eine nichteuropäische Mannschaft zum Weltmeister. Die Südamerikanerinnen fliegen dabei mit neun Siegen aus neun Spielen förmlich durch das Turnier. Lediglich beim Viertelfinaldrama gegen Ungarn (33:31 nach zweimaliger Verlängerung) und vor fast 20 000 frenetischen Zuschauern im Finale in Belgrad gegen die Gastgeberinnen (22:20) wird es für die Mannschaft um die überragende Rückraumspielerin Eduarda Amorim, die grandios haltende Torhüterin Bárbara Arenhart und Topschützin Alexandra do Nascimento (54 Tore) eng. Bei den folgenden vier Weltmeisterschaften lässt sich der Erfolg mit den Plätzen 10, 18, 17 und 6 zwar nicht bestätigen, in Südamerika ist die Dominanz der Brasilianerinnen aber ungebrochen. Von den vergangenen 13 Panamerikameisterschaften, die seit 2018 unter dem Namen süd- und mittelamerikanische Meisterschaft ausgetragen werden, gewinnt Brasilien zwölf. Seit der letzten Niederlage 2009 gegen Argentinien hält dabei eine unglaubliche Serie von 37 Siegen in Serie.

Die irre Geschichte des Hilmar Leon Jakobsen

A-Nationalspieler im Handball, A-Nationalspieler im Fußball: Hilmar Leon Jakobsen von den Färöer-Inseln kann mit Fug und Recht behaupten, das erreicht zu haben – doch der Reihe nach. Jakobsen ist als Jugendlicher einer der begnadetsten Kicker seiner nur rund 50 000 Einwohner zählenden Heimat. Im Alter von 16 Jahren gibt er 2013 im Trikot von HB Torshavn sein Debüt in der 1. Liga, kommt für die U17- und U19-Nationalmannschaft zum Einsatz. Ein Jahr später muss sich der Fähringer einer Hüftoperation unterziehen. Die Ärzte raten ihm vom Fußball ab, Handball sei besser für ihn. Jakobsen hört auf die Empfehlung, wird mit H71 Torshavn Meister und Pokalsieger und schließlich Nationalspieler. Unter anderem kommt er in der Quali für die WM 2021 in Ägypten zum Einsatz. Als 2020 die Covid-19-Pandemie über die Welt hereinbricht, wird auch auf den Färöer-Inseln der Handballbetrieb eingestellt. Die Fußballer dürfen zumindest an der frischen Luft trainieren. Um sich fit zu halten, schließt sich Jakobsen an. Als der Spielbetrieb wieder aufgenommen wird, wird er dazu überredet, in einer Partie für die Reserve aufzulaufen. Jakobsen erzielt zwei Tore und erhält einen Anruf vom Coach der Ersten Mannschaft. »Ich hielt es für eine schlechte Idee. Doch je länger ich darüber nachdachte, desto besser gefiel mir der Gedanke. Also änderte ich meine Meinung«, sagt der 25-Jährige. Als Stürmer erzielt er 12 Tore in 17 Spielen und hat maßgeblichen Anteil am Gewinn der Meisterschaft. Die Nominierung für die Nationalelf ist die logische Folge. Am 11. November 2020 gibt Jakobsen gegen Litauen (1:2) sein Debüt.

INTERNATIONAL

VON HÖLLENQUALEN UND BALKAN-BLUES

Wer hat's erfunden?

Es sind nicht die Schweizer, die sich das erste Mal um 1900 herum auf eine Art betätigen, die dem heutigen Handball ziemlich nahekommt. Auch wenn es schon bei den alten Griechen und Römern Spiele mit einem Ball in der Hand gibt, so gilt jene Zeit als die Entstehungsperiode der Sportart. Das erste offizielle Regelwerk verfasst 1906 der dänische Sportfunktionär Holger Nielsen, der 1896 noch als Fechter, Schütze und Leichtathlet an den Olympischen Spielen in Athen teilnimmt. Seine Ideen von Würfen auf ein Tor oder dem Halten des Balls für drei Sekunden sind revolutionär, und *Haandbold* findet auch in Deutschland schnell viele Freunde. Zwei davon helfen fortan bei der Weiterentwicklung des Spiels: Max Heiser und Carl Schelenz. Der Berliner Oberturnwart Heiser wird aufgrund körperlicher Gebrechen nicht zum Kriegsdienst eingezogen und kann deshalb 1915 ein Spiel namens

»Torball« erfinden, das als Alternative für Frauen zum ruppigen Fußball herhalten soll und welches er am 29. Oktober 1917 in »Handball« umbenennt. Prellen darf man noch nicht, und auch der Ball ist mit einem Durchmesser von 71 Zentimetern nicht wirklich handlich. 1919 wird der Ball verkleinert, und Schelenz erweitert das zuvor körperlose Spiel um Zweikämpfe, womit es auch für männliche Sportler attraktiv wird.

Der weltweit höchste Sieg

Ungefähr zwei Jahre nachdem die Sowjetunion in Afghanistan einmarschiert, um unter anderem die nach einem Staatsstreich an der Macht stehende Partei von Nur Muhammad Taraki im Bürgerkrieg zu stützen, stehen sich die Nationalmannschaften beider Länder auf dem Handballparkett gegenüber. Bei der Spartakiade des Warschauer Pakts und anderer befreundeter Staaten im ungarischen Miskolc besiegt die Militärmannschaft der UdSSR ihre Kontrahenten mit sage und schreibe 86:2; ihr gelingt damit der bis heute höchste offiziell anerkannte Sieg im Welthandball.

Das Drama um »Jo« Deckarm

WM-Held 1978, 381 Tore in 104 Länderspielen, dreimal Meister, zweimal Pokalsieger und der Triumph im Europapokal der Landesmeister mit Gummersbach: Joachim »Jo« Deckarm, von den Medien als »Goldarm« gefeiert, gilt für viele Kenner als bester deutscher Spieler aller Zeiten. Wuchtige Würfe, geniale Pässe, ein glänzendes Abwehrverhalten – der 1954 in Saarbrücken geborene linke Rückraumspieler bringt alles mit. Doch am 30. März 1979, Deckarm ist damals 25 Jahre alt, ändert sich sein Leben dramatisch. Bei einem Europapokalspiel beim ungarischen Klub Banyasz Tatabanya prallt der Modellathlet mit Gegenspieler Lajos Pánovics zusammen, stürzt auf den Betonboden, zieht sich einen doppelten Schädelbasisbruch, Quetschungen des Haupthirns und einen Riss in der Hirnhaut zu. »Wir saßen in der Kabine und haben geheult, weil wir dachten, Jo sei tot«, erzählt sein damaliger Teamkollege Heiner Brand einmal. Deckarm liegt 131 Tage im Koma, aber er kämpft und überlebt. Essen, Sprechen, Laufen, der 1,94-Meter-Mann muss alles neu erlernen, ohne Hilfe kommt er trotz aller Fortschritte nie wieder zurecht. Die erhält er unter anderem von seinem früheren Jugendtrainer Werner Hürter und dem WM-Team von 1978, das sich seit über 40 Jahren auf vielen Ebenen rührend um ihn kümmert. 2013 wird Deckarm in die Hall of Fame des deutschen Sports aufgenommen, zu der neben ihm nur vier weitere Handballer/-innen (Kristina Richter, Erhard Wunderlich, Bernhard Kempa, Heiner Brand) zählen. Mittlerweile lebt Deckarm in einem Seniorenzentrum in Gummersbach. An der Wand seines Zimmers hängt ein Wimpel – von Banyasz Tatabanya.

Deutsch-deutsches Feldhandballduell

Feldhandball ist Anfang der 1960er-Jahre vor allem eine deutsche Domäne, das verhindert auch die politische Trennung des Landes in Ost und West nicht. Bei der Weltmeisterschaft 1963 in der Schweiz stehen sich die Bundesrepublik und die DDR in einem denkwürdigen Finale gegenüber, zumindest für die ostdeutsche Mannschaft. Diese dominiert das Spiel nämlich nach Belieben und holt mit einem dominanten 14:7-Sieg in Basel ihren ersten und einzigen Feldtitel. Die Erschütterung über die in dieser Deutlichkeit durchaus überraschende Niederlage aufseiten der BRD drückt vielleicht am besten der Kommentator im westdeutschen Fernsehen aus, der die Partie irgendwann mit den Worten beschreibt: »Kommentar überflüssig, es ist einfach zum Weinen.« Das sehen die Ostdeutschen damals sicherlich anders.

»Blacky« meets Guardiola

Von 1999 bis 2001 trägt Christian Schwarzer das Trikot des ruhmreichen FC Barcelona. Dabei hätte der gebürtige Braunschweiger seinen vorherigen Klub TV Niederwürzbach nie verlassen wollen. Doch die Saarländer geraten in finanzielle Schwierigkeiten. Für »Blacky« läuft es in Spanien nicht übel, in der ersten Saison gewinnt er mit den Katalanen unglaubliche sieben Titel. Ein schöner Nebeneffekt: Auch zu den

Fußballstars gibt es Kontakte. Schwarzer begegnet Legenden wie Carles Puyol, Xavi, Luís Figo, Pep Guardiola oder Luis Enrique. Letzterem übrigens, weil dessen und Schwarzers Sohn denselben Kinderhort besuchen. Warum der Welt- und Europameister bereits nach zwei Jahren dem Glamour entsagt und zum TBV Lemgo wechselt? Familiäre Gründe spielen eine Rolle, aber es gibt auch Unstimmigkeiten mit Trainer Valero Rivera. Der fordert von Schwarzer, zumindest teilweise auf Einsätze für die Nationalmannschaft zu verzichten. »Das stand für mich überhaupt nicht zur Debatte«, sagt »Blacky«: »Ich habe ihm erklärt, dass mir meine Familie und die Nationalmannschaft wichtiger als der FC Barcelona sind.«

Die Legende Veselin Vujović

Auf Youtube wimmelt es von Zusammenschnitten seiner emotionalen Auszeiten, das Feuer in seinen Augen lodert dabei so hell, wie sein eigener Stern in den 1980er-Jahren im Welthandball scheint. Veselin Vujović ist berühmt, berüchtigt, gefürchtet, geliebt und vieles mehr. Der im beschaulichen Cetinje zu Zeiten des ehemaligen Jugoslawiens geborene Schlaks wirkt auf den ersten Blick eher drahtig als kräftig, aber als Handballer entwickelt der hochgewachsene Halblinke einen nahezu goldenen Arm. Er paart ihn mit messerscharfem Verstand und einem einzigartigen Gefühl für das Spiel, das er liebt. Im Trikot von Metaloplastika

Šabac steigt das komplette Supertalent zu Weltruhm auf, gewinnt hier und später in Spanien so ziemlich alles, was man gewinnen kann. Der erste Welthandballer der Geschichte macht anschließend auch als Trainer von sich reden, allerdings nicht immer nur aus sportlichen Gründen. So bereits zu seinen wilden Zeiten als Spieler, wo vor und nach dem Spiel sowie während der Partie zeitweise mächtig ausgeteilt und eingesteckt wird. Bilder von Coach »Vujo« im zerfetzten Hemd gehen 2002 um die Welt, als er bei einem Gerangel im Champions-League-Spiel gegen die SG Flensburg-Handewitt auf Lars Christiansen und Lars Krogh Jeppesen eintritt und einprügelt. Es folgen in regelmäßigen Abständen weitere Suspendierungen, Geldstrafen, Ärger mit der Polizei sowie Angriffe auf Schiedsrichter, Trainer, Offizielle und wer sonst noch nicht schnell genug aus seiner Reichweite gerät. Genie und Wahnsinn liegen manchmal nah beieinander.

Das Verletzungsrisiko im Handball

Beim Handball gibt es ordentlich auf die Socken, immer und immer wieder und dann auch gleich noch einmal, Angriff für Angriff. Diese Tatsache verleiht dem Sport ein Image von Härte, welches ähnlich einem Neugeborenen auf dem Arm gehegt und gepflegt wird. Die Heldensagen aus längst vergangener Bundesligazeit, in der überall hohe wie breite Mittelblock-Monster filigranen Handakrobaten das Licht innerhalb von einer

Sekunde ausknipsen, sind dabei nur ein Beweis für all jenes, was Handballer damals wie heute erleiden müssen. So sagt auch der bekannte Sportwissenschaftler Ingo Froböse von der Sporthochschule Köln, dass Handball aufgrund seiner rauen Spielweise ein durchaus signifikantes Verletzungsrisiko darstellt. Handballer sind nach einer Studie mit durchschnittlich 2,8 Verletzungen pro Jahr und einer durchschnittlichen Ausfallzeit von 30 Tagen deutlich gefährdeter als ihre Kollegen vom Fußball, die im selben Zeitraum lediglich auf 2,4 Verletzungen und 24 Ausfalltage kommen. Letztlich sind beide Sportarten aber aufgrund ihrer sehr unterschiedlichen physiologischen wie taktischen Anforderungen schwer miteinander zu vergleichen.

Höllenqualen

Sind Handballer eigentlich grundsätzlich masochistisch veranlagt? Zumindest die folgenden Zitate lassen diesen Schluss zu.
Stefan Kretzschmar: »Und dann gibt es die normalen Sachen: Blutergüsse, Hämatome, Zerrungen, glatte Fingerbrüche, Muskelfaserrisse. Das sind aber keine Verletzungen, die dein Trainer als solche akzeptiert.«
Nikola Karabatić: »Schmerzen gehören zum Handball. Manchmal ist es sogar so, dass ich es gut finde, wenn ich nach einem gewonnenen Spiel müde bin und

Schmerzen habe. Man fühlt sich dann wie ein Kämpfer nach einem Kampf.«
Markus Baur: »Wenn ich morgens aufstehe und darüber nachdenke, was mir alles wehtut, kann ich mich gleich wieder hinlegen.«

Chinesische Handballerin ganz groß

Die chinesische Handballerin Xu Yan aus der Frauenmannschaft der Provinz Heilongjiang darf einen ganz besonderen Rekord ihr Eigen nennen. Sie bildet mit ihrem Mann Sun Mingming seit der Hochzeit der beiden 2013 in Peking das – hinsichtlich der Körpergröße – längste verheiratete Paar der Welt. Der Basketballer misst satte 2,36 Meter und seine Gattin Xu Yan immerhin stolze 1,87 Meter, womit sie zusammen insgesamt 4,23 Meter an den Zollstock bringen.

Der größte Handball der Welt

Für den alltäglichen Spielbetrieb ist die Größe eines Handballs natürlich genormt, was allerdings die Firma Select Sport A/S in Dänemark nicht davon abhält, 2006 ein kleines Experiment zu unternehmen. Sie stellen den größten bisher bekannten Handball der Welt her, welcher einen unglaublichen Durchmesser von 1,71 Metern besitzt und es damit sogar in das Guinness-Buch der Rekorde schafft.

Zwei Deutsche als Könige der Handballwelt

Seit 1988 werden mit fünf Ausnahmen (1991, 1992, 1993, 2017 und 2020) bei einer Wahl des *World Handball Magazine* die Welthandballerin und der Welthandballer des Jahres gekürt. 1998 staubt Rückraumspieler Daniel Stephan als erster Deutscher die Auszeichnung ab, 2004 folgt Torhüter Henning Fritz als zweiter und bislang letzter DHB-Star. Als einzige deutsche Welthandballerin des Jahres steht Nadine Krause (2006) in den Geschichtsbüchern.

Karabatić und Hansen teilen sich Rekord

1988 wird Veselin Vujović (heute Montenegro, damals Jugoslawien) zum ersten Welthandballer des Jahres gewählt. Bei den Frauen triumphiert im selben Jahr bei der ersten Wahl Svetlana Dašić-Kitić (heute Bosnien-Herzegowina, damals Jugoslawien). Mit jeweils drei Auszeichnungen sind Nikola Karabatić (Frankreich) und Mikkel Hansen (Dänemark) die Rekordmänner. Dahinter folgen mit je zwei Titeln Ivano Balić (Kroatien), Niklas Landin (Dänemark) und Talant Dujshebaev. Dujshebaev gelingt dieses Kunststück sogar mit unterschiedlichen Nationalitäten – 1994 für Russland, 1996 für Spanien. Den absoluten Rekord hält aber eine Frau: Die Rumänin Cristina Neagu wird sogar viermal zur besten Spielerin des Jahres gewählt.

Kiel produziert Welthandballer am Fließband

Achtmal und damit so häufig wie kein anderer Verein stellt der THW Kiel den Welthandballer des Jahres. Die legendäre Liste: Magnus Wislander (Schweden), Henning Fritz (Deutschland), Filip Jícha (Tschechien), Nikola Karabatić, Thierry Omeyer, Daniel Narcisse (alle Frankreich) und zweimal Niklas Landin (Dänemark). Bei den Frauen ist in dieser Kategorie mit fünf Nennungen Györi ETO KC das Maß aller Dinge. Anita Görbicz (Ungarn), Stine Bredal Oftedal, Heidi Loke (beide Norwegen), Andrea Lekić (Serbien) und Eduarda Amorim (Brasilien) erhalten die Auszeichnung im Trikot des ungarischen Klubs.

Die Dominanz von Cristina Neagu

Die oder der Beste aller Zeiten? Es lässt sich immer schwer sagen, aber im Frauenhandball könnte Cristina Neagu zumindest ein sehr gutes Bewerbungsschreiben für jenen Titel einreichen. Als sie zwölf Jahre alt und eigentlich dem Basketball zugetan ist, spricht Handballtrainerin Maria Covaci sie in der Schule an, ob sie nicht mal beim Training mitmachen möchte. Sie tut es und verliebt sich vom ersten Moment in die etwas kleinere Kugel. »Ich spürte direkt, dass ich für diesen Sport geboren bin«, erinnert sich die Rumänin an ihre Anfänge. Im Alter von gerade einmal 22 Jahren erobert sie 2010 die internationale

Handballwelt im Sturm, als sie ihrer Mannschaft bei der Europameisterschaft in Dänemark und Norwegen zu Bronze verhilft. Keiner Spielerin gelingen mehr Tore oder Assists während des Turniers, Neagus Stern rast in etwa mit der Geschwindigkeit in den Himmel, mit welcher sie den Ball oft an hilflosen Torhüterinnen vorbeijagt. Manchmal reagieren diese gar nicht, so dynamisch agiert die wurfgewaltige Weltklassespielerin im linken Rückraum. Eine schwere Schulterverletzung zwingt sie aber bald zu einer 605 Tage andauernden Pause, auf die sogar kurze Zeit später noch ein Kreuzbandriss folgt. Fortan aber bleibt Neagu gesund und sammelt Titel und individuelle Auszeichnungen am Fließband. Sie wird insgesamt viermal zur Welthandballerin des Jahres gewählt, gewinnt in ihrer Heimat sowie in Montenegro zehn nationale Meisterschaften und heimst 2015 mit Budućnost Podgorica auch den Champions-League-Titel ein.

Ein Tor per Hampelmann

François-Xavier Chapon von US Ivry stürzt im Februar 2013 aus seinem Tor und wirft sich Edin Basic von Chambéry Savoie per Hampelmann entgegen. Er freut sich bereits, als er den wuchtigen Wurf des Kreisläufers an seinem linken Knie spürt. Die zweifellos starke Parade an sich ist es allerdings nicht, die jene Aktion des Franzosen in Handballkreisen unvergesslich macht. Denn der Ball prallt von Chapons Knie ab, überfliegt das gesamte Spielfeld sowie den zu weit vor seinem Tor stehenden Keeper der Heimmannschaft und landet schließlich auf der Gegenseite im Tor. Chapeau!

Sigurðsson räumt bei Gewinnspiel ab

Erst ein begnadeter Spielmacher, später als Coach der Füchse Berlin EHF-Pokal- und DHB-Pokalsieger sowie als Bundestrainer der EM-Triumph von Polen und Bronze bei den Olympischen Spielen in Rio: Dagur Sigurðsson kann zahlreiche Erfolge vorweisen. Unfassbares Glück hat der Isländer zu seiner Zeit als Spieler bei Wakunaga Hiroshima zwischen 2000 und 2003. Sigurðsson nimmt in der japanischen Millionenstadt an einem Gewinnspiel teil – und räumt tatsächlich den Hauptpreis, einen Trip nach Manchester, ab. »Flug in der First Class für zwei Personen, Unterbringung in einem super Hotel, leckeres Essen und als Highlight der Besuch bei meinem Fußball-Lieblingsklub Manchester United«, erinnert sich Sigurðsson: »Sir Alex Ferguson, David Beckham, Ryan Giggs – ich habe meine Idole getroffen. Für mich war das der Hammer.« Seiner großen Liebe Japan bleibt der Mann aus Reykjavik treu. Seit 2017 trainiert Sigurðsson im Land des Lächelns die Nationalmannschaft.

Bogdan Wenta geht in die Politik

Bogdan Wenta kommt in seiner Zeit als aktiver Handballer ordentlich in Europa herum. Er spielt in seiner Heimat Polen, lange Jahre in Spanien und gibt sich auch in der deutschen Bundesliga von 1995 bis 2002 für Nettelstedt sowie Flensburg die Ehre. International spielt er zunächst für Polen, bevor er dann mit der deutschen Staatsbürgerschaft in der Tasche auch 50-mal das Trikot der DHB-Auswahl trägt. Nach weiteren Erfolgen als Trainer führt er Polen unter anderem zum Vizeweltmeistertitel 2007, kehrt seinem Sport allerdings den Rücken und widmet sich einem anderen Feld – der Politik. Bei der Europawahl 2014 erringt Wenta für die liberal-konservative Platforma Obywatelska ein Mandat und sitzt fortan im Europaparlament. 2018 wird er zum Bürgermeister der polnischen Stadt Kielce gewählt, wo er zuvor schon von 2008 bis 2014 den ortsansässigen Handballverein trainiert hat.

Mit den Händen und ein klein wenig mehr

Laut IHF-Regelwerk 2022 dürfen Handballer nicht bloß ihre Hände für die Fortbewegung eines Balls benutzen. So heißt es in den Statuten, dass es erlaubt ist, »den Ball unter Benutzung von Händen (offen oder geschlossen), Armen, Kopf, Rumpf, Oberschenkel und Knien zu werfen, zu fangen, zu stoppen, zu stoßen oder zu schlagen«. Hieraus könnten sich ungeahnte Möglichkeiten ergeben, bedenkt man das Fangpotenzial der Knie.

»King of Currywurst« auf Sauftour

Von 1999 bis 2006 arbeiten Alfreð Gíslason und Stefan Kretzschmar beim SC Magdeburg zusammen. Zunächst kommen der erfolgsbesessene Trainer und der als *Enfant terrible* verschriene Linksaußen nicht miteinander klar. »Er hat mir anfangs tierische Probleme bereitet«, sagt Gíslason im Rahmen einer Talkrunde des THW Kiel: »Als ich nach Magdeburg kam, musste ich erst einmal klarmachen: Das ist nicht der SC Kretzschmar, das ist nicht der Klub des King of Currywurst.« Besonders eine Anekdote von einem Europapokalspiel auf Island bleibt in Erinnerung. Kretzsche zieht in Reykjavik am Vorabend der Partie mit ein paar Teamkollegen um die Häuser – selbstredend ohne Gíslasons Einverständnis. Der feuchtfröhliche Ausflug dehnt sich bis in die frühen Morgenstunden aus, weil »auf dem Nachhauseweg noch eine Disco lockt«, so Kretzschmar. Der frühere Nationalspieler erzielt wenige Stunden später trotzdem zwölf Tore, macht das vielleicht beste Spiel seiner Laufbahn. Gíslason ist zufrieden und macht sich an die Analyse des Sieges. »Als ich mir die Aufzeichnung des isländischen Fernsehens angesehen habe, erklärte der Reporter, dass er von Kretzschmars Leistung überrascht sei. Schließlich habe er ihn um 4 Uhr morgens noch in der

Disco gesehen«, erzählt Gíslason. Die anschließende Standpauke beschreibt Kretzsche als »Einlauf vom Feinsten«. Letztlich ist die Zusammenarbeit aber von Erfolg gekrönt: Gíslason und Kretzschmar werden mit dem SCM 2001 Meister und 2002 Champions-League-Sieger.

Balkon-Profi Matthias Musche

Seinen DHB-Pokalsieg 2016 feiert der SC Magdeburg standesgemäß unter anderem auch auf dem Rathausbalkon der ostdeutschen Handballhochburg. Ganz vorne mit dabei in jenem Jahr: Linksaußen Matthias Musche. Er kennt sich da auf dem Balkon schon bestens aus, haben er und das Gebäude doch eine Vorgeschichte. Schon 2002 feiert der SCM hier seinen Champions-League-Titel und damals ist »Matze« Musche ebenfalls mit am Start – als Neunjähriger mit grün-rot gefärbten Haaren und einem mehrere Nummern zu großen Siegershirt. Einer seiner besten Kumpels ist Tim Liesegang, dessen Vater Sven damals für die Magdeburger spielt, und jener schummelt ihn mit sich auf den Balkon. »Das war für mich das Größte, die Spieler meine absoluten Helden«, sagt Musche Jahre später der *Bild*. »Damals habe ich mir geschworen, irgendwann mal als Spieler dort zu stehen.« Gesagt, getan.

Küssen verboten

Im November 2012 ereignet sich im Südtiroler Derby zwischen Loacker Bozen und Forst Brixen in der 1. italienischen Liga eine denkwürdige Szene. Brixens Ivan Stuffer nimmt Gegenspieler Pasquale Maione in offensive Manndeckung. Der reagiert darauf mit einem Kuss auf Stuffers Backe, woraufhin dem Kreisläufer sämtliche Sicherungen durchbrennen. Stuffer schubst Maione zu Boden und sieht deshalb die Rote Karte. Auf dem Weg vom Feld zieht er sich die Hose herunter und greift sich in den Schritt. Doch damit nicht genug: Stuffer stellt sich vor den gegnerischen Fanblock und beschimpft wild gestikulierend die Bozener Anhänger. Erst nach einigen Sekunden beruhigt er sich wieder und setzt sich zu den eigenen Fans. Die Konsequenzen sind überschaubar: Stuffer wird für zwei Partien gesperrt. Kleiner Tipp: Die Szene gibt's auf Youtube.

Übung macht den Meister

Indien gilt noch nicht wirklich als traditionelles Handballland, es gibt allerdings Bestrebungen, dies zu ändern. So organisiert Ravindra Kisan Gaikwad am 28. Februar 2016 die größte bisher bekannte Handballtrainingseinheit der Welt, an welcher 678 Aktive teilnehmen. Aus dieser Zahl kann man fast 97 einzelne Teams formen, wobei das Trainingsturnier dann wohl doch ein wenig lange dauern würde.

Guinness-Rekord an der Sporthochschule Köln

Wer sich jemals gefragt hat, wie viele Pässe man mit einem Handball in einer Stunde spielen kann, der bekommt am 25. Januar 2022 seine Antwort. Dr. Marco Rathschlag ruft die Studenten seines Handball-Schwerpunktkurses an der Sporthochschule Köln zu dem Experiment auf, und ihnen gelingen in 60 Minuten schwindelerregende 5704 Pässe, womit sie sich einen Eintrag im Guinness-Buch der Rekorde sichern. In der Minute kommen sie auf etwas mehr als 95 Pässe und schaffen damit sogar weit mehr als einen Pass pro Sekunde. An dem Rekordversuch sind insgesamt 14 Studenten beteiligt, die sich in einer festen Formation in zwei Reihen aufstellen und die Pässe nach einer vorher festgelegten Reihenfolge spielen. Die Sportstudenten brechen mit ihren fast 6000 Pässen einen ungefähr zwei Jahre alten Rekord der Männermannschaft des TSV Sieverstedt. Den Schleswig-Holsteinern gelingt es ihrerseits, sich den Ball 5392-mal zuzuspielen.

Ägypten in Afrika die Nummer eins

Seit 1974 findet im Zwei-Jahres-Rhythmus die Afrikameisterschaft statt, wo auch WM- und Olympia-Tickets vergeben werden. Mit sechs Titeln ist Ägypten vor Tunesien (fünf), Algerien (vier), Marokko (drei) und Angola (zwei) Rekordchampion. Mit Gabun, Südafrika,

Elfenbeinküste, Benin und Kongo haben fünf Nationen jeweils einen Titel auf dem Konto. Bei den Frauen ist es extrem ausgeglichen. An der Spitze stehen Tunesien, Algerien, Ägypten und Angola mit jeweils vier Triumphen.

Südkorea vor Katar

Die Asienmeisterschaft wird seit 1977 ausgetragen. Mit Rekordtitelträger Südkorea (neun), Katar (fünf), Kuwait (vier) und Japan (zwei) gibt es bislang lediglich vier verschiedene Gewinner. Daran dürfte sich in absehbarer Zeit wenig ändern, zumal die Dominanz Katars in den vergangenen Jahren erdrückend ist. Seit 2014 und damit fünfmal in Folge heißt der Asienmeister immer Katar. Bei den Frauen, die erst seit 1987 eine Asienmeisterschaft ausspielen, ist Südkorea das Maß aller Dinge. Die Südkoreanerinnen räumen bei unglaublichen 15 von 18 Meisterschaften die Goldmedaille ab. Kasachstan (zwei) und Japan (eins) sind die weiteren Champions.

Kuba rockt die Panamerikameisterschaft

Die Panamerikameisterschaft wird von 1979 bis 2018 ausgespielt. Rekordchampion ist Kuba mit acht Siegen vor Argentinien (sieben) und Brasilien (drei). Einen vierten Panamerikameister sucht man vergeblich. Bei den Frauen setzt sich zwischen 1986 und 2017 gleich zehnmal Brasilien die Krone auf, gefolgt von den USA (zwei), Kanada und Argentinien (beide jeweils einmal). Mittlerweile wird statt der Panamerikameisterschaft eine süd- und mittelamerikanische Handballmeisterschaft sowie eine nordamerikanische und karibische Handballmeisterschaft ausgetragen.

Die Zweite Mannschaft in der Champions League

Der monetär getriebene Termindruck im internationalen Handball sowie die Belastung für die Profis ist seit vielen Jahren ein heiß diskutiertes Thema. Die Situation eskaliert 2018 auf ganz besonders spektakuläre wie schockierende Weise. Am 24. März sind für die Rhein-Neckar Löwen zwei Spiele angesetzt, das Topduell mit dem THW Kiel in der Bundesliga und ihr Achtelfinalhinspiel in der Champions League bei Vive Kielce in Polen. Dem Druck der EHF auf den Tausch des Heimrechts geben die Löwen nicht nach, unterbreiten stattdessen aber andere Lösungsvorschläge, die auch die bedeutende Live-Übertragung des HBL-Schlagers in der ARD berücksichtigen. Keiner davon fruchtet, und somit sieht sich die sportliche Leitung zu einem bitteren Schritt gezwungen. Am 24. März tritt die Zweite Mannschaft der Löwen, die hauptsächlich aus jungen Talenten besteht und normalerweise in der 3. Liga auf Torejagd geht, bei Kielce an und verliert trotz aufopferungsvollem Kampf wie erwartet deutlich mit 17:41. Auch das Spitzenspiel gegen Kiel geht für die Löwen verloren, womit sie aber nicht der einzige große Verlierer an jenem Tag sind. Diese Rolle teilen sie sich auch in den Augen vieler Beobachter mit dem Handballsport im Allgemeinen.

Der fiese Talant Dujshebaev

Olympiasieger und Weltmeister als Spieler, viermal Champions-League-Sieger als Trainer: Talant Dujshebaev ist ein Gigant des Welthandballs, der allerdings häufiger die Contenance verliert. Ein Beispiel gefällig? Im März 2014 soll der gebürtige Kirgise als Trainer des polnischen Spitzenklubs KS Vive Kielce im Achtelfinalhinspiel der Champions League gegen die Rhein-Neckar Löwen (28:32) seinem Kollegen Guðmundur Guðmundsson in den Unterleib geschlagen haben – inklusive heftiger, nicht zitierfähiger Beleidigungen bei der darauffolgenden Pressekonferenz. Letztlich brummt die EHF Dujshebaev lediglich eine Geldstrafe von 5000 Euro auf, das vorhandene Videomaterial liefert keinen eindeutigen Beweis. Dass der frühere Nationalspieler Spaniens und Russlands kein Kind von Traurigkeit ist, beweist er derweil bereits fünf Jahre zuvor bei einer Partie zwischen seinem Klub BM Ciudad Real und dem HSV Handball. »Ich schlag dich, du Arschloch«, pöbelt Dujshebaev in Richtung Hamburgs Trainer Martin Schwalb. »Er ist Amok gelaufen und sagte Dinge, die man unter Sportlern nicht sagt«, so Schwalb.

Balkan-Blues

Berühmt, berüchtigt, gefürchtet – der Balkan lebt, atmet und zelebriert Handball auf seine ganz eigene Art und Weise. Von Veszprém, Zagreb oder Skopje bis in die sportliche Provinz hinein brennen die Herzen der Fans ähnlich lodernd wie die bengalischen Feuer, die entgegen aller Sicherheitsbedenken auch in den Hallen angezündet werden. Manchmal wird es für Gäste aber auch ein wenig ungemütlich, wenn auf einmal Tickets doppelt an durchaus kräftige Gesellen verkauft werden oder der Bus einen Umweg durch winzige Gassen fahren muss, weil Ultra-Gruppen eine Hauptstraße blockiert haben. Vom allzu ausschweifenden Jubeln für die Gästemannschaft wird hier und da per se abgeraten. Die EHF weiß sehr wohl um die Leidenschaft und Begeisterung in jenen Landen, gleichwohl begegnet sie der einmaligen Fankultur durchaus mit gewissem Respekt. So werden mancherorts auch mal kurz vor einem Champions-League-Spiel um die 600 Schalensitze ausgebaut, denn die eher einfach befestigten Sitzmöglichkeiten könnten ja schnell abgebaut und auf Flugreise gen Spielfeld gehen.

Ein Meister und kein anderer

Handballspielen bei RK Zagreb muss eine Menge Spaß machen, wobei es beizeiten auch ein wenig langweilig sein könnte. Denn seit dem Zerfall Jugoslawiens in den 1990er-Jahren dominiert der kroatische Hauptstadtklub die nationale Premijer Liga. RK gewinnt mit einer Vielzahl von internationalen Stars nicht nur zweimal den Europapokal der Landesmeister, sondern sahnt auch jeden einzelnen nationalen Meistertitel seit 1992 ab. Im kroatischen Pokal herrscht dagegen quasi atemberaubende Ausgeglichenheit, denn es gibt mit RK Metković 2001 und 2002 tatsächlich einen anderen Titelträger. Ebenfalls auf dem vereinseigenen Briefkopf von RK fehlt das Jahr 2020, damals macht dem Rekordmeister die Covid-19-Pandemie einen Strich durch die Rechnung.

Emily Bölk und der ungarische Jacuzzi

Viele Jahre lang gilt Emily Bölk als ein Wunderkind im deutschen Frauenhandball, und ihr früher Wechsel ins Ausland im Alter von 22 Jahren kommt daher nicht überraschend. Bevor sie sich jedoch für Ferencváros Budapest entscheidet, will sie sich bei einem Besuch des Klubs erst einmal mit den lokalen Begebenheiten vertraut machen. Besonderen Eindruck macht bei »Emmy« der klubeigene Jacuzzi, der sich fortan allerdings als Luftschloss herausstellt. Der Whirlpool ist nämlich nach Bölks Unterschrift dauerhaft kaputt und über Jahre außer Betrieb. Bereuen tut die Studentin ihren Wechsel aber trotzdem nicht, erst recht nicht, nachdem sie mit Ferencváros 2021 die ungarische Meisterschaft feiern kann.

Die Schwergewichte im Schwäbischen

Seit 1987 steigt im schwäbischen Städtchen Ehingen an der Donau ein internationales Vorbereitungsturnier, bei dem häufig die Schwergewichte der Handballszene vertreten sind. Bis 2011 als Schlecker-Cup bekannt, geht die Veranstaltung in der Längenfeldhalle seit der Insolvenz des Drogeriegiganten unter dem Namen Sparkassen-Cup über die Bühne. Mit neun Titeln ist der THW Kiel Rekordsieger des Turniers. Der HBC Nantes und die SG Wallau-Massenheim teilen sich mit jeweils vier Titeln Platz zwei, es folgen KC Veszprém und der VfL Gummersbach mit je drei Turniersiegen.

2000 Kilometer für ein Siebenmeterwerfen

2017 kommt es in der zweiten Qualifikationsrunde im EHF-Cup beim Duell zwischen dem russischen Vertreter HC St. Petersburg und FH Hafnarfjörður aus Island zu einem haarsträubenden Lapsus. St. Petersburg gewinnt das Rückspiel in eigener Halle mit 32:27 und gleicht damit das Ergebnis aus dem Hinspiel exakt aus. Auf Anweisung der Schiedsrichter wird eine Verlängerung gespielt. Das Problem: Das Regelwerk sieht keine Overtime, sondern direkt ein Siebenmeterwerfen vor. Das unterlegene St. Petersburg legt in den Tagen danach bei der Europäischen Handballföderation Protest ein, diesem wird stattgegeben. Die Folge: Hafnarfjörður muss die über 2000 Kilometer lange Reise nach Russland erneut antreten, nur um ein Siebenmeterwerfen auszutragen. »Peinlicher geht es nicht, EHF«, wettert Ex-Bundestrainer Dagur Sigurðsson. »Die Situation könnte nicht unangenehmer sein«, meint Hafnarfjörður-Coach Jóhann Sigfússon: »Uns bleibt nichts anderes übrig, als die ganze Prozedur mit einem Lächeln über uns ergehen zu lassen.« Immerhin gibt es ein Happy End: Die Isländer gewinnen das Siebenmeterwerfen und ziehen in die nächste Runde ein. Die Reisekosten übernimmt die EHF.

Grit Juracks kurze »Elternzeit«

Sie ist in diesem Jahrtausend vielleicht die deutsche Vorzeigehandballerin und wechselt 2001 nicht umsonst in die weltweit über alles geschätzte dänische Damehåndboldligaen. Grit Jurack fühlt sich im europäischen Norden ähnlich wohl und zu Hause, wie sie das vorher in ihrer Heimatstadt Leipzig getan hat, wo ihre große Karriere beim BSV Schönau Leipzig beginnt. 2010 bekommt sie am 4. Februar ihr erstes Kind, einen Sohn namens Lukas. Das Geschenk des

Lebens verändert vieles im Hause, allerdings nicht die große Handballleidenschaft der Mama. Diese spielt in jenem Jahr nämlich mit ihrem Verein Viborg HK in der Champions League und sieht gute Chancen, nach 2006 und 2009 einen weiteren Pokal in den vereinseigenen Trophäenschrank zu hieven. Auch in der dänischen Meisterschaft steht man gut da, und so entschließt Jurack sich, bereits sechs Wochen nach der Geburt wieder zu trainieren. Neun Wochen nachdem Lukas das Licht der Welt erblickt hat, steht sie wieder auf dem Parkett. »Das wollte ich einfach gerne mitnehmen, hätte es aber nicht gemacht, wenn es mit meinem Sohn nicht funktioniert hätte«, erklärt die Rekordnationalspielerin Deutschlands einst in einem Interview der *Frankfurter Allgemeinen Zeitung*. Sportlich lohnt sich der Schritt allemal, Viborg feiert sowohl Meisterschaft als auch den Champions-League-Titel, nicht zuletzt dank einer frischgebackenen Mama. Jurack erzielt beim entscheidenden CL-Rückspielerfolg beim rumänischen Meister Oltchim Vâlcea elf Tore und ist, wie sie selbst sagt, dabei auch »kein bisschen nervös«.

Ein Trio mit sieben Titeln

Mit Kreisläufer Andrei Xepkin, Spielmacher Xavier O'Callaghan und Torhüter David Barrufet gibt es nur drei Spieler, die sieben Titel in der Champions League beziehungsweise im Europapokal der Landesmeister in ihrer Vita stehen haben. Die Spanier O'Callaghan und Barrufet feiern alle ihre Triumphe mit dem FC Barcelona. Xepkin, 1965 im ukrainischen Saporischschja geboren und seit 1997 ebenfalls spanischer Staatsbürger, gewinnt die Königsklasse sechsmal mit Barcelona und 2007 mit dem THW Kiel. Seit dem russischen Angriffskrieg auf die Ukraine unterstützt der frühere Nationalspieler der Sowjetunion, der Ukraine und Spaniens in seiner Wahlheimat Barcelona das Rote Kreuz bei der Versorgung von ukrainischen Flüchtlingen. »Bis zum Kriegsausbruch habe ich es nie so wahrgenommen, aber seither fühle ich mich so ukrainisch wie nie zuvor«, sagt Xepkin: »Ich bin erschüttert, mein Herz ist gebrochen. Ich habe beschlossen, auf jede erdenkliche Weise zu helfen.« Hauptberuflich arbeitet »El Gigante«, wie er aufgrund seiner Körpergröße von 2,05 Metern genannt wird, als Betreuer und Trainer in Barcelonas Nachwuchsschmiede La Masia. Mit fünf Titeln mit Barcelona ist übrigens der Spanier Valero Rivera erfolgreichster Coach der Champions-League-Historie.

Gensheimers Triple

Nenad Peruničić, Carlos Resende, Zlatko Saračević, Siarhei Rutenka, Kiril Lazarov, Filip Jícha, Mikkel Hansen und Momir Ilić – es gibt eine ganze Reihe von Spielern, die sich zweimal zum Torschützenkönig einer Champions-League-Saison krönen. Das Triple schafft aber nur einer: Uwe Gensheimer. In der Spielzeit 2010/11 erzielt der langjährige DHB-Kapitän 118 Treffer im Trikot der Rhein-Neckar Löwen. 2016/17 mit 115 und 2017/18 mit 92 Toren wird er jeweils in Diensten von Paris Saint-Germain zum Torschützenkönig. Hansen hält derweil womöglich einen Rekord für die Ewigkeit. 2015/16 wirft der Däne für PSG 141 Buden und pulverisiert damit die von Peruničić 2001/02 beim SC Magdeburg aufgestellte Bestmarke von 122 Treffern.

Der deutsche Fußball kann einpacken

FC Bayern, Borussia Dortmund, Hamburger SV – im deutschen Fußball gibt es drei Vereine, die mindestens einen Sieg in der Champions League oder im Europapokal der Landesmeister vorzuweisen haben. Darüber können die Handballer nur müde lächeln. Mit VfL Gummersbach, THW Kiel, SC Magdeburg, Frisch Auf! Göppingen, TV Großwallstadt, SG Flensburg-Handewitt, SC DHfK Leipzig, ASK Vorwärts Frankfurt und dem HSV Hamburg sind es neun Klubs mit wenigstens einem Titel. Im Gesamtranking belegt Gummersbach mit fünf Triumphen Platz zwei hinter dem unangefochtenen FC Barcelona (elf Titel). Kiel ist Dritter mit vier Trophäen, Magdeburg teilt sich mit BM Ciudad Real (Spanien) und SKA Minsk (Belarus) mit jeweils drei Cup-Siegen Rang drei. Bei den Frauen liegt der letzte deutsche Coup vom TV Giessen-Lützellinden

(1991) bereits über 30 Jahre zurück. Einziger Verein mit zwei Triumphen ist der SC Leipzig (1966 und 1974), dritter deutscher Titelträger der TSC Berlin (1978). Mit elf Erfolgen ist Spartak Kiew Rekordchampion.

Michael Roth leistet Entwicklungshilfe

2018 begibt sich Michael Roth auf eine ungewöhnliche Mission. Der langjährige Bundesligatrainer reist für einige Wochen nach Australien und bereitet den Sydney University HC auf den anschließend in Katar stattfindenden IHF Super Globe vor, die Weltmeisterschaft für Vereinsmannschaften. Kaum in Down Under angekommen, staunt der frühere deutsche Nationalspieler nicht schlecht. Da die Bedingungen komplett amateurhaft sind, es beim Finale der Landesmeisterschaft zwischen Queensland und Victoria keinen Schiedsrichter gibt, bekommt kurzerhand Roth ein Schiri-Outfit übergestreift und leitet die Partie. »Ich komme mir wie ein Entwicklungshelfer vor, alles ist sehr amateurhaft. Aber hier hilft eben jeder jedem«, nimmt »Schorle«, dessen Engagement in Sydney übrigens unentgeltlich ist, die Situation gelassen. Bei der Klub-WM in Doha schlägt sich der Ozeanienmeister dann trotz des letzten Platzes zumindest passabel – 22:27 – gegen den Al-Sadd Sports Club aus Katar, 18:38 gegen den EC Taubaté aus Brasilien und 26:28 gegen Al-Najma aus Bahrain. Mission erfüllt!

Brüderpaare im Welthandball

Die Eltern von so manchem Handballtalent haben es sicherlich nicht einfach, wenn die Sprösslinge älter werden und aufgrund von hohem Trainingsaufwand regelmäßig mit mächtigem Hunger am eigenen Küchentisch auftauchen. Aber was sollen da diejenigen sagen, die gleich zwei oder sogar mehr hungrige Handballmünder zu stopfen haben? In der Geschichte des Handballs gibt es reihenweise Brüderpaare, bei denen beide Jungs für Furore auf dem internationalen Parkett sorgen. Heiner Brand und sein Bruder Klaus sind am Aufstieg des VfL Gummersbach und vielen anderen großen deutschen Handballgeschichten beteiligt. Nikola Karabatić, der vielleicht beste Handballer aller Zeiten, hat mit dem groß gewachsenen Kreisläufer Luka einen Bruder und kongenialen Partner mit ähnlicher DNA. Michael und Philipp Müller sind sogar Zwillinge und machen sich aus vielerlei Hinsicht einen Namen in der Handballbundesliga. Hier noch ein paar weitere berühmte Geschwister im Handballzirkus: Bertrand und Guillaume Gille, René und Henrik Toft Hansen, Niklas und Magnus Landin Jacobsen, Marcin und Krzysztof Lijewski, Senjamin und Benjamin Burić oder auch Igor und Ivan Karačić. Letztgenannte spielen in ihrer Karriere interessanterweise für unterschiedliche Nationalmannschaften, denn Igor läuft für Bosnien auf und Ivan für Kroatien.

Alter schützt vor Toren nicht

Als Josefine Meerkamp 1961 nach Solingen zieht, kennt sie zunächst keinen Menschen. Bei einem Spaziergang im Ortsteil Wald fällt ihr aber ein Schild ins Auge, auf dem steht: »Handball-Mädels gesucht«. Kurz darauf läuft »Susi« beim Training des VfL Wald auf, und ihre lange Sportgeschichte nimmt ihren Lauf. Knapp 60 Jahre und vier Vereinswechsel später findet sie 2020 ihren zwischenzeitlichen Höhepunkt mit der Aufnahme ins Guinness-Buch der Rekorde. Susi Meerkamp spielt damals beim WMTV Solingen und ist mit 75 Jahren und 302 Tagen die älteste aktive Handballerin der Welt, ein Titel, für den sie sich unter anderem mit viel Lebensfreude, Dehnübungen beim Fernsehen sowie Gassi gehen mit dem Hund fit hält. Sie kennt jetzt nicht nur ein paar mehr Leute in Solingen, die dreifache Oma will auch gerne noch ein paar Jährchen weitermachen.

Wenn Bolivien zum Handball greift

Brasilien, Argentinien, teilweise auch Chile: In manchen südamerikanischen Ländern entwickelt sich Handball seit Jahren beachtlich. Bolivien hat derweil noch einen langen Weg vor sich, wie ein Blick auf die Ergebnisse der süd- und mittelamerikanischen Meisterschaft verrät. 2020 kassiert Bolivien im brasilianischen Maringá unvorstellbare Packungen: 7:82

gegen Argentinien, 9:77 gegen Brasilien, 1:55 gegen Uruguay, 8:51 gegen Paraguay und 7:53 gegen Chile. Insgesamt steht am Ende ein Torverhältnis von 32:318 zu Buche. Immerhin läuft es zwei Jahre später in einem neuen Modus, diesmal im brasilianischen Recife, schon etwas besser: 8:70 gegen Argentinien, 9:42 gegen Uruguay und 16:39 gegen Costa Rica.

Weltenbummler Kim Ekdahl Du Rietz

Als Handballer hat Kim Ekdahl Du Rietz eigentlich alles, was man sich so wünschen kann: Ruhm, Titel, Erfolge, alles auf den ganz großen Bühnen seiner Sportart. Am Ende aber ist es nicht genug, und einer der besten Halblinken der Bundesliga zieht im zarten Alter von 27 Jahren die Reißleine. »Ich habe so lange auf diesen Moment gewartet«, gesteht der Schwede mit dem hochgebundenen Zopf unter freudigen wie traurigen Tränen in seiner Abschiedsrede bei den Rhein-Neckar Löwen 2017, an dem Tag, als er mit seinem Team die zweite deutsche Meisterschaft in Folge feiert. Die Jahre in der Mühle Profisport lassen Du Rietz etwas vermissen, geben ihm das Gefühl von Stillstand, dem er fortan zu Leibe rücken will. Der besonnene und vielseitige Psychologiestudent kauft sich in seiner Heimatstadt Lund einen Schrebergarten und geht dann vom Ballast vergangener Tage befreit auf eine halbe Weltreise. Er tingelt durch Frankreich, die Schweiz, den Senegal, Gambia, Liberia, die USA, Neuseeland und Australien. Er wohnt in WGs und kommt zeitweise bei Wildfremden unter, ihm begegnen Menschen und Momente. Vor allem aber begegnet er sich selbst, der Freude an den vielen Facetten des Lebens und der einstigen Entfremdung, mit der er nun ganz anders umgehen kann. In der neu gefundenen Freiheit entdeckt er auch seine alte Liebe zum Spiel wieder und hilft in den Folgejahren hier und da auch wieder bei Handballvereinen aus. Seinem minimalistischen Leben tut das keinen Abbruch. Er fährt weiterhin einen japanischen Kleinwagen, spendet so manches Gehalt für wohltätige Zwecke und findet große Freude in kleinen Dingen. 2021 ist dann endgültig Schluss mit dem Handball, wobei man ja niemals nie sagen sollte.

Unter falscher Flagge

Im Oktober 2022 verteidigt der SC Magdeburg durch ein 41:39 nach Verlängerung im Finale gegen den FC Barcelona den Titel beim IHF Super Globe. Dabei beginnt die Klub-WM in Dammam für den zweimaligen deutschen Meister unplanmäßig. Bei der Anreise nach Saudi-Arabien geht beim Umstieg am Frankfurter Flughafen vorübergehend der Koffer mit den Trikots verloren. Die Folge: Der SCM muss sich für sein Auftaktspiel gegen Sydney University Jerseys vom saudischen Verband ausborgen, die notdürftig mit Rückennummern und Vereinslogo beflockt werden. Davon lässt sich das Team von Coach Bennet Wiegert aber nicht aufhalten und darf sich zum zweiten Mal insgesamt Klubweltmeister nennen. Ein Kunststück, das zuvor von den Bundesligisten lediglich den Füchsen Berlin (2015 und 2016) gelingt. Dritter deutscher Champion ist der THW Kiel (2011), Rekordsieger der FC Barcelona mit fünf ersten Plätzen.

Perfektion in den 1980er-Jahren

Die verlustpunktfreie Bundesligasaison des THW Kiel 2011/12, in der man dazu noch den DHB-Supercup, den deutschen Pokal sowie die Champions League gewinnt, ist vielen noch frisch im Gedächtnis. Es ist allerdings abgesehen von der makellosen Bundesligabilanz längst nicht die erste »perfekte« Saison, die eine deutsche Vereinsmannschaft am Ende eines Jahres begießen darf. Das Kunststück der vier Titel in jedem Wettbewerb, in dem man antritt, gelingt Anfang der 1980er-Jahre schon dem TV Großwallstadt und dem VfL Gummersbach. Die Champions League heißt damals noch Europacup der Landesmeister, und anstatt des deutschen Supercups lässt sich der europäische IHF-Supercup gewinnen. Die Großwallstädter räumen 1980 in allen Wettbewerben ab, und Gummersbach glückt jene Ausnahmeleistung 1983, als der VfL unter anderem ZSKA Moskau im Landesmeisterfinale in eigener Halle schlägt.

ÜBER DIE AUTOREN

Felix Götz wurde in Ehingen an der Donau geboren. Seit 2008 lebt er in München, wo er als Sportjournalist arbeitet. Für das Portal »SPOX« berichtete Götz unter anderem von den Olympischen Spielen in Rio de Janeiro, den Handball-Weltmeisterschaften in Katar, Frankreich, Deutschland und Dänemark sowie den Handball-Europameisterschaften in Polen, Kroatien und Österreich.

Moritz Wollert studierte nach Abitur und Zivildienst Sportmanagement. Nach einigen Jahren in diesem Beruf folgte er seiner Leidenschaft für das geschriebene Wort und machte sich 2018 als freier Redakteur und Autor selbstständig. Wollert spielte einst auf semiprofessionellem Niveau Handball für den Drittligisten GWD Minden II. Der gebürtige Rheinländer lebt mit Frau und zwei Söhnen in Tönning.

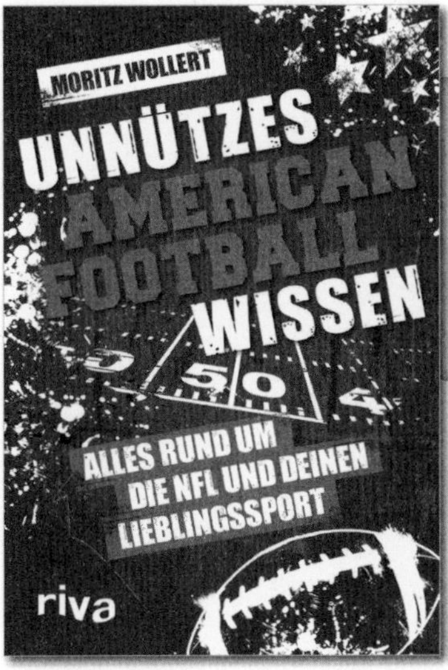

Auch als **E-Book** erhältlich

208 Seiten
9,00 € (D) | 9,30 € (A)
ISBN 978-3-7423-1805-3

Wollert, Moritz

Unnützes American Football Wissen

Alles rund um die NFL und deinen Lieblingssport

Für viele Spieler bleibt die sagenumwobene NFL nur ein kurzes Stelldichein – was ihr unter Profis und Fans den Beinamen »Not For Long« eingebracht hat. Ein Slogan, über den die Liga selbst nur müde lächeln kann. Seit über 100 Jahren fasziniert sie nun die Massen. Die Sportart American Football gibt es sogar noch ein halbes Jahrhundert länger. *Unnützes American Football Wissen* bündelt die spektakulärsten Anekdoten und verblüffendsten Fakten rund um den härtesten Sport der Welt in einem unwiderstehlichen Drive (»komplette Angriffsserie«). Zu welchem Spottpreis wurde Quarterback-Legende Johnny Unitas von den Baltimore Colts einst verpflichtet? Wie kommt es, dass Emlen Tunnell mit 79 Interceptions nicht nur zu den besten *Ballhawks* der NFL-Geschichte zählt, sondern auch das Leben zweier Menschen rettete? Und wem gelangen nach einer durchgemachten Partynacht unvergessliche 138 Yards und zwei Touchdowns im Super Bowl? In Sachen Unterhaltung handelt es sich hier zweifellos um einen Complete Pass.

riva